텐센트,
인터넷 기업들의 미래

腾讯，不仅仅是QQ

텐센트
인터넷 기업들의 미래

천펑취안 지음 | 이현아 옮김

이레미디어

인터넷 플러스의 중심, 텐센트

시가총액 중국 1위, 세계 3위의 인터넷 기업인 텐센트는 인스턴트 메시지 소프트웨어로 시작했다. 그러나 10년이라는 짧은 기간 동안 비약적인 성장을 거뒀고 단일 경영에서 다원화를 거듭해 방대한 'QQ제국'을 건설했다. 현재 중국의 새로운 경제 테마로 떠오르는 '인터넷+(플러스)'의 핵심에도 텐센트가 있다.

텐센트는 중국 인터넷 분야의 전형적인 신화라고 할 수 있다. 2014년 1월 30일, 텐센트의 시가총액이 1조 홍콩달러를 돌파했다. 현재 텐센트의 사업 영역은 게임, 포털, 검색, 전자상거래, 블로그, 이메일, SNS, 엔터테인먼트 사업을 망라하고 있어 업계의 '공공의 적'이라는 별명도 갖게 되었다. 텐센트는 공익사업에도 적극적으로 참여해 기업의 사회적 책임을 열심히 이행하고 인터넷 문화를 보급하여 '가장 존경 받는 인터넷 기업이 된다'는 비전을 향해 나아가고 있다.

QQ메신저에서 위챗까지, 인터넷 트렌드를 선도하는 텐센트는 사람들의 일상생활에서 빼놓을 수 없는 부분이 되었다. 2013년 11월 21일

기준, QQ메신저 누적 사용자 수는 20억 명을 넘었다. 2013년 1월 텐센트가 위챗 사용자 수가 3억 명에 달했다고 발표한 이후 새로운 데이터를 발표하지 않았지만 언론 보도에서 나타난 데이터에 따르면 6억 5,000만 명이었다. 이밖에 텐센트의 QQ이메일 사용자 2억 7,400만 명, SNS인 Q존 사용자 6억 2,600만 명, 마이크로 블로그인 QQ웨이보(微博) 사용자 2억 2,000만 명, 텐센트 뉴스 앱 1억 5,000만 명을 기록했다.

2014년 들어 텐센트가 보여준 혁신적인 행보는 일일이 다 셀 수 없을 정도로 많다. 2월 14일, 텐센트는 갤럭시 자산관리와 공동으로 투자한 상품인 갤럭시 딩터우바오(定投寶)를 출시했고, 2월 19일 중국 최대 음식 평가 사이트이자 공동 구매 사이트인 다중뎬핑(大衆點評)의 지분 20%를 매입해 중국 최대 O2O(Online To Offline) 생태계를 구축했다. 3월 4일에는 중국의 냉차 브랜드인 왕라오지(王老吉)와 전략적 협력 관계를 맺었다. 3월 10일, 텐센트는 홍콩거래소에서 약 2억 1,500만 달러를 투자해 중국 전자상거래 업체인 징둥상청(京東商城, JD닷컴)의 보통주 3억 5,000여 주를 매입해 지분 15%를 차지했다. 징둥과 텐센트는 또한 전자상거래 분야에서 포괄적인 전략적 협력 협의를 맺고 텐센트 산하의 파이파이왕(拍拍網) C2C, QQ왕거우(網購, 인터넷 쇼핑 사이트) 등 관련 기업의 등록자본, 자산, 사업을 징둥으로 이전시켰다.

2013년 'Brand Z 100대 글로벌 브랜드'에서 텐센트는 21위에 올라 31위의 페이스북을 앞섰다.

텐센트는 어떻게 성공할 수 있었을까? 잘 알려진 QQ메신저 외에 텐센트에는 사람들이 모르는 어떤 것이 있을까? 본서는 다음 7가지 측면에서 텐센트를 해부했다.

- 텐센트의 인터넷 금융 입성
- 트렌디한 생활을 선도하는 위챗
- 텐센트 전자상거래 제국의 현재와 미래
- 매출의 절반을 차지하는 텐센트게임즈
- 새로운 블루오션, 텐센트 온라인교육
- 텐센트와 강자들의 끝없는 경쟁
- 텐센트의 공익사업과 자선활동

　그러나 천 명의 눈엔 천 명의 햄릿이 있듯, 사람들 눈에 비친 텐센트의 이미지도 제각각이다. 나는 개인적인 시각으로 텐센트를 관찰하고 이해했다. 또한 이 책을 쓰는 과정에서 내 역량의 한계와 촉박한 시간 때문에 빠지거나 잘못된 부분이 있을 수도 있다. 이 점 독자 여러분의 양해를 부탁드리며 아낌없는 가르침과 지적을 바란다.

W-commerce[1] 브랜드 창시자,
전자상거래 마케팅 전문가

1 　微購物, F-commerce(페이스북과 E-커머스의 합성어인 페이스북을 이용한 전자상거래 모델을 지칭)를 모방한 말로, SNS인 웨이보와 전자상거래를 결합한 방식을 말한다.

머리말 **인터넷 플러스의 중심, 텐센트** | 4

들어가며 **텐센트는 어떻게 성공했을까?** | 13
관련 링크 마화텅의 선전특구 설립 30주년 경축식 축사 | 16

제1장 **바다와 불의 융합, 인터넷 금융** | 19

제1절 **역사적인 3마의 협력** | 20
'3마'의 첫 회동 | 20
관련 링크 마밍저 중국핑안 CEO | 21
관련 링크 3마, 중안보험 설립에 합의 | 22
마윈 대 마화텅: 상호 교류가 혁신을 촉진한다 | 22
중안보험, 전자상거래 분야에 중점 | 23
관련 링크 중안보험 8대 주주의 지분 비율 | 25
3마가 본 핀테크: 신용카드와 현금은 대부분 사라질 것이다 | 25
인터넷 보험 어디까지 갈 수 있을까 | 26
관련 링크 중안보험, 중국 최대 인터넷 손해보험사 될 것 | 28

제2절 **리차이퉁, 위어바오에 맞서다** | 29
위챗, 인터넷 재테크 시장에 진입하다 | 29
관련 링크 3단계면 오케이! 위챗 리차이퉁 | 30
업계 관계자가 본 위챗 리차이퉁 | 31
리차이퉁은 O2O 비즈니스 생태계를 형성할 것이다 | 32
관련 링크 O2O 비즈니스 모델 | 32
관련 링크 위챗 리차이퉁의 시장 진입 우위 | 33
하루에 8억 돌파, 고수익 얼마나 갈 수 있을까 | 35

제3절 **위챗 훙바오, 새해 온 천지를 누비다** | 36
위챗 훙바오 = AA서우콴 + 랜덤 계산법 | 36
위챗 훙바오 뒤의 매력적인 시장 | 38
'제2의 지갑'은 안전한가 | 39
위챗 훙바오의 흥행 원인 | 40
관련 링크 위챗의 '창훙바오' 열풍, 시스템을 마비시키다 | 41

알리바바와 텐센트의 스탈린그라드 전투 | 42

관련링크 마윈, "훙바오에 겁먹지 말라" | 43

엇갈리는 견해들 | 44

현금 인출의 어려움이 불러온 의혹 | 46

훙바오의 이자는 누구에게 돌아갈까 | 47

제4절 텐센트, 금융 제국을 건설하다 | 49

시기: 관리감독부처의 혁신 지원 | 49

관련링크 마화텅은 금융의 꿈을 얼마나 이룰 수 있을까 | 52

장소: 전자상거래 플랫폼 실력 부족 | 56

사람: 서민의 재테크 수요를 만족시키다 | 59

 제2장 **위챗의 시대가 왔다** | 61

제1절 위챗 시대로 진입하는 기업들 | 62

관련링크 위챗을 기반으로 개발된 10대 인기 앱 | 64

제2절 위챗의 모바일 SNS 서비스 제국 | 71

'근사해' 보이는 모바일 SNS 시장 | 71

자기의 포지션을 찾아라 | 72

위챗의 제국 지위 다지기 | 73

위챗 제국의 확장 전략 | 74

위챗 제국을 어떻게 넘어설 것인가 | 77

관련링크 위챗, 양회 소식을 더 빠르고 편리하게 전달하다 | 78

제3장 **텐센트 전자상거래 제국, 어디로 갈 것인가** | 81

제1절 텐센트의 전자상거래 구도 | 82

텐센트도 전자상거래가 있다 | 82

전자상거래에 10억 달러를 투자한 이유 | 83

물류와 창고 등이 전자상거래의 걸림돌 | 84

관련링크 4대 전자상거래 업체의 경쟁 비법 해부 | 85

텐센트, 8,440만 달러에 이룽왕 지분 매입 | 90

다이아몬드 전자상거래 진출 | 92

관련 링크 커란다이아몬드 2년 동안 CEO 2번 교체의 이유는? | 93

텐센트, 하오러마이에 투자 | 94

관련 링크 하오러마이 '텐센트 투자 유치 이후 3가지 변화' | 95

텐센트, 마마왕에 5,000만 위안 투자 | 96

제2절 파이파이왕 | 98

QQ가 파이파이왕을 '말해내다' | 98

4대 플랫폼이 제공하는 전면적인 마케팅 서비스 | 99

파이파이왕은 다르다 | 100

양질의 전자상거래 생태계 형성 | 101

파이파이왕 일매출 1억 위안을 돌파하다 | 101

'파이파이 펑창제Ⅱ', 11.11 솔로 데이를 피한 세일 | 103

제3절 QQ왕거우 | 106

QQ왕거우 공식 오픈 | 106

관련 링크 QQ왕거우가 고객들에게 보낸 첫 번째 편지 | 107

QQ왕거우와 QQ상청, 하나로 통합되다 | 107

관련 링크 QQ상청 발전 과정 | 108

QQ왕거우, 통합 후 가속 발전 | 108

제4절 이쉰왕 | 110

텐센트, 이쉰왕 지배 완료 | 110

관련 링크 이쉰과 텐센트, 각자 필요한 것을 취하다 | 111

이쉰왕 CEO를 텐센트 부총재로 임명하다 | 113

관련 링크 이쉰 주문액 사상 최고를 기록하다 | 114

2013년 이쉰 주문서 16%가 모바일에서 나오다 | 115

19분 총알 배송 | 116

제5절 텐센트와 징둥의 결합 | 118

징둥 지분 매입을 선언하다 | 118

관련 링크 텐센트 징둥 지분 매입에 관한 내부 이메일 | 119

융합: 직원의 급여와 복지를 그대로 유지하다 | 121

상생: 이쉰과 징둥의 물류를 상호 보완하다 | 122

호재: 징둥 평가액이 300억 달러에 달하다 | 123

제4장 **중국 최대 게임 커뮤니티 텐센트게임즈** | 125

제1절 **텐센트게임즈의 브랜드를 분석하라** | 126

브랜드 핵심 가치 | 126

텐센트의 브랜드 요소 | 128

텐센트게임즈 4대 플랫폼 | 129

제2절 **텐센트게임즈 10년의 역사** | 134

4년의 모색, 3년의 부상, 3년의 발전 | 134

즐거움으로 시장의 문을 열다 | 135

즐거움으로 사용자를 얻다 | 137

즐거움으로 산업을 바꾸다 | 139

텐센트게임즈의 발전 요소 | 140

제3절 **텐센트게임즈의 발전** | 142

독점 퍼블리싱, 비즈니스 협력 모델로 진입하다 | 142

텐센트 게임즈의 '창' | 143

텐센트 게임즈의 '방패' | 144

텐센트는 좌로, 바이두는 우로, 알리바바는 관망 | 146

제5장 **텐센트 온라인 교육** | 149

제1절 **텐센트, 온라인 교육에 진출하다** | 150

텐센트, 콰이이뎬을 통해 온라인 교육 분야에 진출하다 | 150

관련 링크 선전시 콰이이뎬기술유한공사 | 151

텐센트가 출시한 Q췬 교육, 업계 반응 적어 | 151

관련 링크 텐센트 교육, 동영상을 핵심으로 콘텐츠 자체 개발 | 152

관련 링크 기존 교육기관, 인터넷적 사고를 어떻게 이용할 것인가 | 154

QQ췬, 교육 분야의 준비를 단단히 하다 | 155

QQ 상업화의 얼음을 깰 온라인 교육 | 156

텐센트대학 공식 오픈, 교육 플랫폼의 꿈을 이룰 수 있을까 | 158

제2절 **온라인 교육의 새로운 블루오션** | 161

온라인 교육, 인기를 끌다 | 161

관련 링크 환쥐스다이 소개 | 162

온라인 교육, 새로운 경쟁을 유발하다 | 163

영역 다툼에 바쁜 인터넷 선두기업들 | 164

누구의 비즈니스 모델이 최후의 승자가 될 것인가 | 165

온라인 교육은 '인터넷'과 '교육' 두 다리로 가야 한다 | 167

관련 링크 온라인 교육 벤처캐피털 일람표 | 167

업계 관계자의 전망 | 168

관련 링크 온라인 교육, 어떻게 꽃피울까 | 170

제6장 텐센트, 강자들과 겨루다 | 171

제1절 통신업체와의 게임 | 172

통신업체의 기존 서비스, 타격을 입다 | 172

관련 링크 페이랴오, 이랴오, 워유는 무엇? | 174

통신업체, OTT 서비스 유료화를 꾀하다 | 175

위챗, 차이나텔레콤과 동맹을 맺다 | 176

차이나모바일, 앱 클라우드 개발 플랫폼 출시 | 177

문자메시지를 '업그레이드'해 '위챗'을 만들다 | 178

관련 링크 차이나모바일은 위챗 사용자를 빼앗아 올 수 있을까 | 180

텐센트와 차이나유니콤, 오프라인 경험을 시험하다 | 184

관련 링크 텐센트와 차이나유니콤 재협상, 위챗 워카 군비를
확장하다 | 185

어떻게 윈윈을 실현할 것인가 | 186

제2절 알리바바 마윈과의 게임 | 188

도화선이 된 새로운 버전의 위챗 | 188

날로 치열해지는 트래픽과 유입 채널 쟁탈전 | 190

알리바바는 데이터, 텐센트는 사용자가 핵심 자산 | 191

전략상으로는 알리바바가 우세, 전술상으로는 텐센트가 우세 | 193

관련 링크 알리 클라우드 VS 텐센트 클라우드 | 195

관련 링크 텐센트, 다중뎬핑왕에 4억 달러 전략적 투자 | 196

알리바바와 텐센트의 투자 전략과 향후 전망 | 198

텐센트, 징둥과 손잡고 알리바바를 겨누다 | 200

알리바바의 '3.8절' 돈 뿌리기 | 203

관련 링크 '전 국민 무료 택시 예약' 얼마나 갈 수 있을까 | 205

제7장 **사회적 책임을 다하는 기업** | 207

제1절 **텐센트 공익자선기금회 숫자 뒤에 숨은 이야기** | 208

1의 의미 | 208

6의 의미 | 209

10의 의미 | 209

32만의 의미 | 210

1,600만의 의미 | 211

5,000만의 의미 | 211

1억 3,000만의 의미 | 212

5억 8,000만의 의미 | 212

관련 링크 텐센트 공익자선기금회 | 213

제2절 **한 달에 10위안, 텐센트 웨쥐안** | 215

어린이에게 꿈을, 망원동몽 사업 | 215

관련 링크 선전 일기금공익기금회 | 217

망첨녹색, 행복한 가정 생태 빈곤지원 전 국민 행동 | 218

심장병 어린이에게 새 생명을, 망구동심 사업 | 218

백내장 환자에게 빛을, 망취광명 사업 | 219

사랑의 문구 상자 보내기, 망휘진정 사업 | 220

교육 받을 권리, 망조성장 사업 | 220

제3절 **그 외 공익사업** | 222

텐센트 웨이아이, '작은 도움이 성장을 돕는다' | 222

축몽신향촌, '농촌의 가치를 재평가하다' | 222

참고문헌 | 224

텐센트는 어떻게 성공했을까?

1998년 11월, 텐센트가 선전(深圳)시에서 창립했다. 2004년 6월 홍콩거래소에서 발행가 3.7홍콩달러에 상장됐다. 10년 뒤, 텐센트의 주가는 600홍콩달러 이상으로 상승했으며, 2014년 1월 30일 시가총액은 1조 홍콩달러를 돌파했다. 현재 텐센트는 게임, 포털, 검색, 전자상거래, 블로그, 이메일, SNS, 엔터테인먼트 사업 등 광대한 분야로 진출하고 있다.

조기 단순한 인스턴트 메시지에 불과했던 QQ는 어떻게 텐센트 제국으로 발전할 수 있었을까? 다시 말해, 당시 똑같은 기회가 있었던 수십 개의 인스턴트 메시지 툴은 모두 어디 가고 텐센트만 남게 되었을까? 성공의 이유는 텐센트와 텐센트 팀이 적절한 시기와 장소, 사람을 만났기 때문이다.

시기

텐센트의 최초 제품인 OICQ는 이스라엘의 ICQ[2]의 해적판이었다.

---

2 이스라엘 미라빌리스(Mirabilis)사가 개발한 세계 최초로 상용화된 인스턴트 메시지.

이 회사는 아메리칸온라인(AOL)에 인수된 후 창업자가 미국행을 거절해 크게 발전하지 못했고, 중국인에게 발전의 무대를 넘겨주었다.

텐센트는 중국 최초의 인스턴트 메시지 기업은 아니었지만 선발주자의 우위를 점할 수 있었다. 대부분의 사용자는 1가지 인스턴트 메시지 툴을 일단 사용하면 다른 툴로 옮기는 기회 비용이 매우 높다고 생각해 잘 옮기지 않기 때문이다.

텐센트가 사업을 시작하고 얼마 뒤 인터넷 거품이 일어 비슷한 제품이 쏟아졌기 때문에 창립자인 마화텅(馬化騰) 팀은 제품을 잘 만들어야만 했다. 그리고 결과적으로 제품으로 승부하는 것이 불변의 진리라는 것이 판명되었다.

장소

지리적으로 봤을 때 선전은 베이징과 상하이처럼 기술과 시장의 장점은 없지만 자신만의 독특한 부분이 있다. 왕이(網易, Netease, 163닷컴) CEO 딩레이(丁磊), 쉰레이(迅雷) CEO 쩌우성룽(鄒勝龍)처럼 광둥(廣東)에서 시작한 인터넷 창업자들은 광둥 사람은 제품을 더 감각적으로 만든다고 말했다.

선전에도 과학연구대학교(텐센트 창업자인 마화텅도 선전대학교 출신이다)들이 있지만 충분한 인력을 제공하기에는 부족했다. 이곳에는 중국 최대 네트워크 및 통신장비 공급업체인 화웨이(華爲)와 통신장비업체 중싱(中興, ZTE) 같은 중국 최고의 첨단과학기술 기업이 있었기 때문이다. 텐센트가 초기 포지션을 가상 통신사로 잡았던 것은 마화텅이 페이징 서비스(Paging service, 무선 호출 서비스) 경험이 있어서였는지도 모른다. 중국의 인터넷 업계가 문자메시지로 돈을 벌 때 텐센트는 화웨이에서 관련 인력을 스카우트해 난관을 돌파했다.

2010년, 선전특구 설립 30주년 기념 행사장에 정부 활동에는 모습을 잘 드러내지 않던 마화텅이 참석해 축사를 했다. 첨단기술로 발전하려는 신흥 도시에서 텐센트는 상징적인 의미가 있는 기업이다. 정부의 대대적인 지원이 있으니 문제될 것이 전혀 없었다.

일반적으로 인터넷 기업은 나스닥이나 뉴욕증권거래소 등 미국 상장을 선택한다. 그러나 텐센트는 홍콩 상장을 선택했다. 홍콩이 선전에서 가까워 자본시장과 더 편리하게 소통할 수 있다는 것을 고려했을 것이다.

사람

시기와 장소도 물론 중요하지만 결정적인 것은 사람이다. 마화텅은 창업 당시 팀에서 형편이 제일 나았고 저축도 조금 있어 자금력이 있었지만 회사를 독식하지 않았다. 그는 자신의 지분율을 47.5%로 정해놓았다. 다른 창업 멤버 4명이 연합하면 대주주인 마화텅의 결정을 뒤집을 수 있고, 마화텅은 자신의 결정을 통과시키려면 다른 주주 2명의 동의가 반드시 필요했다. 이런 구조는 텐센트가 초기부터 민주적이었다는 것을 말해준다.

마화텅은 독재자가 아니다. QQ쇼(秀)의 경우 마화텅은 반대했지만 다른 임원들은 수익성 있는 사업이라고 판단했다. 사업 책임자가 보고서를 작성하고 이 사업의 수익성을 설명한 뒤에야 마화텅은 찬성했다.

내성적인 성격의 마화텅은 제품을 직접 체험해보는 데에 많은 시간을 할애하여 직원들은 그를 '최고 경험 책임자'라고 부르기도 한다. 텐센트가 QQ이메일을 출시했을 때도 혁신 포인트의 절반 이상을 마화텅이 내놓았다.

마화텅의 이런 선택은 전문경영인 팀의 뒷받침이 있어 가능했다. 회사의 중요한 행정 사무를 총재나 최고운영책임자(COO)에게 위임했기 때문에 그는 사무실에서 제품을 체험해볼 수 있었다. 물론 모든 제품을 다 체험해보지는 않았지만 이것은 성숙한 기업에게 꼭 필요한 부분이다.

텐센트는 현장의 목소리에 귀를 기울인다. 텐센트에서는 일선의 일반 직원도 회사 내부 통신 시스템을 통해 마화텅과 직접 소통할 수 있다. 때문에 직원들에게 마화텅은 정신적 지도자이지 차가운 이미지의 회사 사장이 아니다.

기업이 실패하는 이유는 여러 가지겠지만 성공에는 공통점이 있다. 텐센트가 성공한 것은 핵심적인 리더가 있었기 때문이고 마찬가지로 우수한 팀이 있었기 때문이다. 앞으로도 현명한 리더의 리드로 텐센트가 우리에게 더 훌륭한 면모를 보여주리라 믿는다.

관련 링크 ㅣ 마화텅의 선전특구 설립 30주년 경축식 축사

존경하는 후진타오(胡錦濤) 총서기와 지도자 여러분, 신사숙녀 여러분,
선전은 젊은 도시입니다. 이제 막 30세 생일이 지났습니다. 선전은 청년의 도시이기도 합니다. 청년은 선전의 주체입니다. 오늘 시 전체의 청년 건설자와 창업자를 대표하여 이 자리에 서게 되어 정말 감사하고 영광스럽습니다. 선전경제특구와 함께 성장한 새로운 세대의 청년으로서 저는 제가 개혁개방이라는 위대한 시대에 나고 자란 것이 기쁩니다. 또한 선전이라는 이 신기한 땅에서 나고 자란 것에 감사합니다. 저는 13살 때 부모님을 따라 선전으로 왔고 선전 중고등학교와 선전대학교에서 아름다운

학창 시절을 보냈으며 특구의 수천만 건설자 중 한 사람이 되었습니다. 개방과 혁신, 기회가 가득한 이 도시에서 저는 인터넷이 빠르게 발전하는 시대의 흐름에 따라 인터넷을 통해 사람들의 생활을 바꾸겠다는 꿈을 키웠고 창업의 길에 올랐습니다.

1998년 설립된 텐센트는 직원 5명이 창업 자금 50만 위안으로 시작했습니다. 갓 창업한 수많은 인터넷 회사와 마찬가지로 텐센트의 가장 큰 문제는 자금과 기술이었고 회사 경영도 매우 어려웠습니다. 저는 필요한 운영자금을 마련하기 위해 밤잠을 설치며 동분서주했습니다. 심지어 우리의 QQ 소프트웨어를 매각할 생각까지 했습니다. 다행히 선전 하이테크페어를 통해 처음으로 벤처캐피털을 획득했고 덕분에 혁신에 박차를 가해 발전 궤도에 빨리 오르게 되었습니다.

텐센트는 12년 전 10여 제곱미터 남짓의 작은 사무실에서 높이 190여 미터, 건축면적 8만 8,000제곱미터에 달하는 텐센트 빌딩으로 변했습니다. 과거 의지할 곳 없는 작은 펭귄이 4억 명의 네티즌에게 서비스를 제공하고 시가총액 전 세계 3위의 혁신형 인터넷 기업으로 발전했습니다.

2008년 글로벌 금융위기에 맞서 우리는 끊임없는 혁신과 적극적인 대응으로 매출액이 오히려 80.2% 증가했습니다. 2009년 총매출 124억 위안, 납세액은 15억 5,000만 위안에 달했습니다. 텐센트의 창업 과정을 되돌아보면 우리는 개혁개방에 감사하고, 선전경제특구에 감사합니다. 개혁개방이 우리 같은 청년들에게 재능을 펼칠 기회와 무대를 제공했고, 텐센트가 글로벌 혁명의 기회를 잡아 중국 최대의 인터넷 토털 서비스 제공업체로 발전할 수 있게 했습니다.

선전이 있어 우리는 미래에 대한 꿈과 열정을 가질 수 있었고 끊임없이 노력할 수 있었습니다. 선전에는 텐센트 같은 기업의 창업, 혁신, 성장에 필요한 최적의 환경이 마련되었습니다. 현재 선전은 새로운 발전의 페이지를 넘기고 있습니다. 어제 후진타오 총서기께서 텐센트를 직접 방문하여 우리에게 기대를 표했고 이에 우리는 크게 고무되었습니다. 우리는 총서기의 가르침을 굳게 새겨 앞으로도 선전에서 전국을 향하고, 세계 최전방을 겨냥하며, 기술 진보와 업무 혁신을 부단히 추구할 것입니다. 선진기술로 선진 문화를 전파하고 선전의 수천만 창업자와 건설자와 함께 선전이라는 개혁개방의 최전방에서 혁신과 탐색에 나서 이 위대한 시대에 부끄럽지 않고 이 위대한 국가에 부끄럽지 않은 새로운 업적을 창조할 것입니다.

서른 살이 된 선전은 여전히 열정적으로 일하는 창업자의 도시이고, 서른 살 젊은 세대는 여전히 뜨거운 피가 가득해 꿈을 이뤄내는 세대입니다.

감사합니다!

제 1 장

바다와 불의 융합,
인터넷 금융

새로운 분야인 인터넷 금융은 아직 발전 초기 단계로 인터넷 기업이나 '인터넷으로 확장'을 꾀하고 있는 기존 금융기관 모두 신중하게 탐색하고 있는 상황이다. 텐센트는 결제 서비스로 인터넷 금융에 진입했다. 2013년 8월 위챗 페이먼트 기능이 시작된 이후 제3자 앱, QR코드 결제, 이쉰왕(易迅網, yixun닷컴) 엄선상품 구매, 금융상품인 리차이퉁(理財通), 택시 예약 앱 디디다처(滴滴打車) 등으로 확대되었다. 텐센트는 기존 금융의 각 분야를 두루 섭렵하면서 인터넷 금융의 구체적인 모델을 탐색하고 있기 때문에 다방면으로 포석하고 진입 기회를 잡는 것이 최적의 전략이다.

역사적인
3마의 협력

절반은 바닷물, 절반은 화염, 신흥 인터넷과 기존의 금융이 현재 상상할 수 없는 융합을 진행하면서 우리를 인터넷 금융 시대로 이끌고 있다. 보험업은 최고의 시대와 최악의 시대를 동시에 맞았다. 최고의 시대라고 하는 이유는 인터넷 세계의 위험이 증가하면서 보험이 더욱 중요해졌기 때문이고, 최악의 시대라고 하는 이유는 인터넷이 기존 보험의 운영과 서비스 모델보다 더 높은 요구를 하여 기존 보험 채널에 충격을 안겨주었기 때문이다.

'3마'의 첫 회동

　2013년 11월 6일, 최초의 인터넷 보험회사인 중안온라인 손해보험 유한공사(衆安在線財産保險有限公司)가 공식 영업을 개시했다. '3마(마윈(馬雲), 마화텅, 마밍저(馬明哲))'는 푸단(複旦)대학교에서 핀테크[3]와 보험 발전 전망을 토론했다. 마윈 알리바바 이사회 의장은 보험과 위챗이 어디가 복잡하다는 것인지 모르겠고, 하다 보면 그다지 복잡하지 않다며

3　금융을 뜻하는 파이낸셜(financial)과 기술(technique)의 합성어로 모바일 결제 및 송금, 개인자산관리, 크라우드 펀딩 등 '금융·IT 융합형' 산업을 말한다.

핀테크와 텐센트 위챗을 조정하겠다는 결심을 드러냈다.

관련 링크 **마밍저 중궈핑안 CEO**

1955년 12월 출생, 경제학 박사, 중궈핑안보험(그룹) 주식유한공사(中國平安保險(集團)股份有限公司) 대표이사 겸 CEO. 중궈핑안보험의 창립자로 1988년 회사 설립 때부터 중궈핑안을 경영해 무에서 유를 창조했다. 직원 13명에 손해보험 하나만 취급하던 작은 회사를 중국 3대 종합 금융그룹으로 키웠다. 중궈핑안은 손해보험, 생명보험, 연금보험, 건강보험, 은행, 증권, 신탁, 자산관리, 펀드 등 금융 전 분야로 사업을 확대해 세계 500대 기업으로 성장했다. 핑안그룹은 중국 1,000여 개 도시에 영업점을 개설했고, 개인 고객 5,600여 만 명, 기업 고객 400여 만 곳, 직원과 에이전트가 56만 명에 달한다. 중궈핑안은 홍콩, 상하이 증권거래소 두 곳에서 상장했고 시가총액은 전 세계 금융기업 중 20위, 전 세계 보험그룹 중 3위를 기록했으며, 현재까지 중국에서 유일하게 〈포브스〉 세계 500대 비국유 금융기관 명단에서 147위에 이름을 올렸다. 마밍저는 중국 금융업 개혁 혁신 분야에서 가장 대표적인 기업가 중 한 명이다. 그가 이끄는 중궈핑안은 시스템, 메커니즘, 내부 통제, 재무 관리, 상품 개발, 시장 마케팅, 보험 투자, 정보기술, 직업 교육 등 각 분야를 적극적으로 탐색해 중국 금융업계에서 중요한 혁신을 하는 선두 그룹으로 중국 금융업의 개혁과 발전에 긍정적인 공헌을 했다. 마밍저는 오랫동안 금융 보험 분야의 전문적인 이론을 연구하여 학술 논문과 저작물을 출간했다. 그의 저작물은 국내외에서 큰 반향을 일으켰고 해외 유명 아카데미의 수업 사례로 인용되기도 했다. 자선사업에도 적극 참여하는 마밍저는 가족과 공동 출자해 '밍위안자선기금(明園慈善基金)'을 설립해 어려운 이웃, 여성과 어린이, 빈곤 지역의 청소년을 돕고 문화 발전 등 공익 자선 사업을 지원하고 있다. 노련하고 신중한 마밍저, 열정이 넘치는 마윈, 내성적인 마화텅, 재계의 거두 세 사람이 같은 무대에서 벌인 설전은 어떤 풍경이었을까? 세 거두가 대화를 이어가는 것은 '초연이 사방으로 퍼지며 살기가 숨겨진'이라는 말로 표현할 수 있을 것이다. 인터넷이라는 강호의 냉정한 경쟁의 법칙을 세 사람도 잘 알고 있을 것이고, 세 사람의 협력은 기존 사업에 혁명적인 혁신이 이제 막 시작되었다는 것을 뜻한다.

알리바바, 텐센트, 핑안, 한 곳은 최대 전자상거래 플랫폼을, 한 곳은 수많은 개인 사용자 기반을, 한 곳은 종합 금융을 개척한 개척자다. 그런 '3마'가 어떤 이유로 중안보험을 설립하게 됐을까?

3마가 말하는 중안보험의 '탄생' 계기는 순수하다. 마밍저는 개업식에서 "우리는 모두 한 울타리에 있는 친구다. 우연한 기회에 내가 그들에게 인터넷을 가르쳐달라고 도움을 청했고 그들은 나에게 금융을 알려달라고 했다. 우리는 단번에 의기투합했다."고 말했다.

마밍저의 제안으로 늘 '서로의 목을 조르던' 마화텅과 마윈이 한 자리에 앉아 협력 파트너가 되었다. 마윈의 말처럼 "이것은 우리 세 사람의 꿈이고 이 시대의 많은 인터넷 기업과 금융 기업의 꿈이다."

마윈 대 마화텅: 상호 교류가 혁신을 촉진한다

최근 알리바바의 모바일 메신저 라이왕(來往)과 위챗의 살벌한 경쟁으로 마윈과 마화텅은 큰 관심을 일으켰다. 그런데 두 사람이 한 무대에서 만났다. 주최측이 알리바바의 IPO와 위챗, 라이왕 등 민감한 문제에 대한 언급을 자제해달라고 요청했지만 사회자는 아랑곳하지 않고 질문을 쏟아냈다. "마윈, 강호에서 들리는 말로는 최근 당신이 퇴로를 차단당해 기분이 좋지 않고, 그래서 태극 신공을 사용해 펭귄을 보금자리로 돌려보내려고 한다는데 어떻게 된 일이죠?" 하고 물었다.

직설적인 성격의 마윈은 인터넷 분야에서는 큰 회사 두 곳이 경쟁을 하는 것이 제일 좋다고 대답했다. 그리고 서로 도전해야 사회에 발전이 있다고 생각한다며, 라이왕이 크게 성공하지 못한다고 해도 적어도 위챗이 끊임없이 혁신하도록 할 것이라고 말했다.

마화텅도 이 견해에 동의하면서 "사실 우리가 가장 두려워하는 것은 팀 내부가 타성에 젖는 것이다. 위챗도 내부 경쟁으로 생긴 결과물로, 기존의 QQ팀에서 탄생한 것이 아니다."고 말했다. 또한 "다른 사람과 경쟁할 것이 아니라 자기자신과 경쟁해야 한다."고 덧붙였다.

중안보험, 전자상거래 분야에 중점

마윈은 중안은 자신과 마밍저, 마화텅 세 사람의 꿈이고 이 시대 인터넷 기업과 금융 기업의 꿈이며 각자의 사업에서 일종의 혁신이라고 말했다. 중안은 기존 보험의 장점을 인터넷이라는 플랫폼에 결합한 것이다. 마화텅은 평안의 든든한 오프라인 기반이 없었다면 사업자등록증을 취득하고 사업을 진행하는 것이 불가능했을 것이라고 말했다.

인하이(尹海) 중안온라인 CEO는 중안의 포지션은 인터넷 경영자와 참여자에게 리스크에 대한 솔루션을 제공해 인터넷 세계에서 발생하는 각종 리스크를 제거하고 인터넷 발전의 병목 현상을 해소하는 것이라고 말했다. 앞으로 보험을 통해 인터넷에서 발생하는 리스크 관리, 분쟁 처리, 사용자 경험(UX)을 관리하여 소비가 더 원활해지도록 할 것이다. 중안보험의 사업은 인터넷 곳곳에 미칠 것이며 최근에는 전자상거래, 모바일 결제, 핀테크 3가지 분야에서 중점적으로 사업을 펼치고 있다.

그 가운데 전자상거래 분야에서 중안은 전자상거래 플랫폼과 협력해 전자상거래 각 단계에 존재하는 문제, 가령 상품의 품질, 물류 과정에서의 상품 분실, 배송 지연 등을 연구해 솔루션을 제공할 것이다. 모바일 결제 분야에서는 전자지갑 같은 편리함을 기반으로 한 보안 솔루션을 제공할 것이다. 핀테크 분야에서는 신용보증 보험을 취합해 인터넷 기술을 빌어 개인 창업자의 융자난을 해결할 것이다.

중안보험의 지분 중 19.9%는 마윈의 알리바바 전자상거래 기업이 갖고 있고, 마화텅의 텐센트와 마밍저의 핑안그룹이 각각 15%를 소유한다. 주로 인터넷과 빅 데이터를 이용해 보험 사업을 하는 중안에게 주주인 알리바바와 텐센트, 핑안이 데이터와 채널 부분에서 얼마나 많은 지원을 할지에 세간의 이목이 집중되고 있다.

인하이 CEO는 알리바바든 텐센트든 데이터는 극비사항으로 누구에게도 함부로 알려주지 않을 것이지만, 그렇다고 데이터를 전혀 이용하지 못하는 것은 아니라고 말했다. 데이터 분석은 CD에 카피만 하면 되는 단순한 작업이 아니라 1차 모델링 작업을 하고 피드백된 데이터를 분석한 다음 다시 수정하는 등 정교하고 복잡한 작업이다. 제품이 출시될 때 거래 데이터와 보험가입 데이터라야 유용한 것이다.

데이터 지원 외에 중안보험과 알리바바의 신용 시스템도 협력 단계에 있다. 인하이 CEO는 알리바바 플랫폼에서 설계해야 하는 제품의 경우 알리바바의 신용 데이터와 신용 모델을 사용해서 데이터와 결과를 피드백해줄 것이다.

몇몇 주주는 재무적으로 중안보험에 투자했을 뿐 아니라 3대 주주는 전략과 경영 모델에서도 균형을 이루었다. 모두가 경쟁에 대해 매우 진보적인 태도를 보이고 주주총회와 이사회 등을 통해 경영의 중대한 결정에 의사를 표시하기 때문에 인터넷 철학과 가치관 면에서 많이 배우고 도움을 받을 수 있다.

주주회사	지분 비율	중심 인물	인물 배경
저장 알리바바 전자상거래 유한공사	19.9%	마윈	생략
선전시 텐센트 컴퓨터시스템 유한공사	15%	마화텅	생략
중국핑안보험(그룹) 주식유한공사	15%	마밍저	생략
선전시 자더신(加德信) 투자 유한공사	14%	어우야핑 (歐亞平)	어우야핑, 어우야페이(歐亞非) 형제가 직간접적으로 지배하는 회사

3마가 본 핀테크: 신용카드와 현금은 대부분 사라질 것이다

최근 열풍이 불고 있는 핀테크에 대해 3마는 자신의 견해를 내놓고 각자 기업의 향후 방향에 대해 말했다.

마윈은 핀테크의 본질은 양질의 신용 체계를 구축해 신용 있는 사람을 보증하는 것이라고 말했다. 그는 "지금의 핀테크가 어떤지 나는 잘 모르지만 지금의 금융이 할 수 없는 일을 뛰어넘어야 한다. 즉 신용 체계를 잘 구축해야 한다. 클라우드 컴퓨팅, 빅 데이터 등 모든 자원을 이용해 모든 사람의 신용 체계를 잘 구축하면 금융은 자연스럽게 녹아들 것이다."라고 말했다.

마윈은 "보험이 뭐가 복잡한지 잘 모르겠다. 예전에는 위챗이 복잡하다고 생각했는데 하다 보니 별로 복잡하지 않았다."고 말했다.

마밍저는 "현재 99% 이상 기관이 전자금융을 하고 있다. 핀테크를 도구로 삼아 효율을 높이고 서비스를 개선해 양질의 개혁을 이끌어내는 것이지 기존 금융을 뒤엎는 것이 아니다."라고 말했다.

그러나 그는 앞으로 금융기관은 소형화, 커뮤니티화, 스마트화, 다원화의 방향으로 발전해 큰 변화가 생길 것이라고 전망했다. 10년 안에 신용카드와 현금의 50~60%가 사라질 것이고, 20년 안에 중소 금융기관의 창구와 백오피스도 대부분 사라질 것이라고 내다봤다.

마화텅은 핀테크는 전복성도 있지만, 순조롭게 개선해서 성공적으로 과도기를 넘어가게 하는 부분도 있다고 말했다. 전자금융의 질을 개선시킨다 해도 전통서점이 아마존을 영원히 이길 수 없는 것처럼 모든 시장에 전부 핀테크를 적용할 수 있는 것은 아니며, 수직적이고 전문적인 분야는 그래도 기존 금융이 담당할 것이라고 말했다.

인터넷 보험, 어디까지 갈 수 있을까

2000년 전후 인터넷 거품이 꺼지기 전, 중국 보험사에도 '인터넷 열풍'이 불며 다양한 보험 사이트가 등장했다. 인터넷 거품이 꺼지면서 비즈니스 모델 불분명, 시장 주체 투입 한계로 2003년 이후 대부분의 보험 사이트가 규모를 축소했다. 심지어 폐쇄나 영업이 취소되는 곳도 생겨나면서 보험사들의 인터넷 판매 탐색은 실패로 막을 내렸다.

핀테크 열풍이 다시 불고 있지만 현재 시장에 호소력이 있는 인터넷 상품이 부족하다는 것이 업계가 공감하는 가장 큰 난제이다. 인터넷 채널과 다른 채널의 조화, 부실한 관리감독 체계, 인터넷 판매 상품의 정가 데이터 기반 부족 등의 문제도 인터넷 보험의 발전을 저해하는 객관적인 요소이다. 인하이 CEO도 보험상품은 펀드, 채권에 비해 더 복잡하고 보험업은 관리가 중요한 업종이므로, 인터넷 보험 시장에서 알리바바의 온라인 머니마켓펀드(MMF) '위어바오(餘額寶)'의 성공을 복제하려면 혁신과 보험 본질 사이의 '균형점'을 잘 맞춰야 한다고 말했다.

한 금융계 관계자는 요즘 핀테크가 탄력을 받고 있지만 오랫동안 쌓인 보험업계의 판매 오도, 배상 청구 어려움 등 문제가 아직 해결되지 않아 보험업계 전반에 대한 소비자의 신뢰가 높지 않고 보험 상품에 대한 인식도 낮다고 말했다.

보험업 관계자는 이런 문제를 해결하려면 정부가 인터넷 보험 관리 감독 방법과 지도에 대한 대책을 조속히 내놓아야 한다고 말했다. 또한 인터넷 보험 서비스 시스템을 갖추고 상품 설명, 개인정보 보호, 기관 및 신분 인증 등의 기술 표준도 있어야 한다.

소식에 따르면, 최근 중국 보험감독관리위원회가 전면적이고 규범적인 인터넷 보험 업무 관리감독 방안을 제정 중이며 이 작업에 생명보험부, 손해보험부, 중개부 등이 참여하고 있다. 방안이 마련되면 업계가 관심을 갖고 있는 판매 오도, 자금 안전, 고객 개인정보 누출 등 문제가 한층 개선될 것이다.

이밖에 인터넷 보험이 얼마나 발전할 수 있을지는 보험사의 빅 데이터 시대 적응 능력에 달려 있다. 왕허(王和) 중국인민재산보험공사(PICC) 부총재는 빅 데이터 시대에 데이터 작업자, 데이터 엔지니어, 데이터 과학자가 향후 보험사의 핵심 자원 중 하나가 될 것이라고 전망했다. 전통적인 의미의 데이터 인재와 달리 그들은 IT에 기반한 데이터베이스 연구, 관리, 응용뿐만 아니라 관찰력을 갖고 사회 현상 뒤에 있는 데이터 구조를 포착하고 이를 통해 의미 있는 정보를 추출할 수 있어야 한다. 또한 그들은 상상력이 필요하며 데이터 구조와 로직을 새로운 비즈니스 모델로 만들어내 비즈니스 기회를 창출해야 한다.

현재 중안은 인터넷 기술과 데이터 기업에 더 가깝고 IT와 데이터 관련 인재가 전체 직원의 40%를 차지한다.

관련 링크 **중안보험, 중국 최대 인터넷 손해보험사 될 것**

업계 관계자는 "중안보험은 중국 최대의 손해보험사가 될 것이다."라고 과감하게 전망했다. 이 견해에 대해 인하이 CEO는 기쁨을 표하면서도 전적으로 동의하지는 않는다며 "짧은 시간 안에 그런 일이 발생하지 않을 것이다. 우리는 전문적인 보험사지 여러 상품을 전부 취급하는 종합보험사가 아니기 때문이다. 우리는 인터넷 보험 분야에만 집중할 것이다."라고 말했다.

마윈은 중안보험의 취지는 돈을 벌기 위한 것이 아님을 여러 차례 밝혔다. 이에 대해 인하이는 적어도 초기에는 수익과 보험료 규모를 첫 번째 목표로 삼지 않을 것이라고 말했다. "처음 1~2년은 보험 판매, 운영, 관리, 리스크 컨트롤, 데이터 축적 및 분석 등 인터넷 보험 모델을 확립할 계획이다. 3년 정도 뒤에 영업이익을 내고 5~8년 뒤에는 연간 보험료 규모 50~80억 대의 중형 인터넷 전문 보험사가 되었으면 좋겠다."

중안보험이 보험감독관리위원회에서 받은 영업허가증은 중국 최초이자 전 세계 최초의 인터넷 보험 영업허가증으로, 중안보험은 앞으로 인터넷 보험이라는 블루오션에서 마음껏 헤엄치는 최초의 보험사가 될 것이다. 그러나 이는 또한 기술적 측면이든 관리감독 운영 측면이든 관련 조정이 필요하다.

리차이퉁,
위어바오에 맞서다

위챗 리차이퉁은 상당히 우세에 있다. 알리바바가 출시한 머니마켓펀드인 위어바오가 시장을 선점하긴 했지만 리차이퉁의 등장에 긴장해야 한다. 물론 결국 최대 수혜자는 사용자가 되겠지만 경쟁이 상품과 서비스의 질을 높일 것이기 때문이다. 따라서 우리는 인터넷 분야에 더 많은 경쟁이 생겨 사용자의 수요를 더 만족시킬 수 있기를 바란다.

위챗, 인터넷 재테크 시장에 진입하다

2014년 1월 15일 저녁, 위챗이 재테크 상품인 '리차이퉁'을 출시했다. 인터넷 금융 관계자는 위챗의 방대한 사용자 수, 오픈율을 기반으로 한 리차이퉁이 앞으로 위어바오에 대항할 수 있는 가장 잠재력 있는 상품이라고 말했다.

알리페이(Alipay, 支付寶)와 톈훙자산관리(天弘基金, Tianhong AMC)는 2014년 1월 15일 15시 기준으로 위어바오 규모가 2,500억 위안을 넘었다고 발표했다. 2013년 6월에서 2014년 1월까지 6개월여 동안 톈훙자산관리는 무명의 작은 자산회사에서 중국 최대 자산회사로 발전했다.

위어바오의 자산 규모는 플랫폼의 결제 툴 사용자 수와 직접적인 관계가 있다. 위어바오가 폭발적인 인기를 끌었던 이유 중 하나도 알리페이의 사용자 수 때문이다. 모바일 알리페이 사용자 수는 1억 명에 달한다. 위어바오 이후 바이두의 바이파(白發), 왕이의 재테크 상품이 고수익률을 내세워 사용자를 유혹하고 있지만 규모는 위어바오와 비교가 되지 않는다.

관련 링크 3단계면 오케이! 위챗 리차이퉁

위챗 리차이퉁은 어떻게 하는 것일까? 위챗 리차이퉁을 구입하려면 은행 계좌번호와 위챗 리차이퉁을 연결시키면 된다. 연결시킨 다음 입금을 클릭하면 구입이 완료된다. 빠르고 간단한 조작 때문에 '리차이퉁'은 많은 사용자를 유입시켰다.

2013년 위어바오 구입 프로세스인 〈위어바오 4단계면 완료, 300위안 이상이면 수익을 얻는다〉를 직접 해본 사람이 있다. 사실 위어바오와 리차이퉁 모두 조작 과정이 매우 간단하고 결제가 쉽다. 그러나 사용자의 위챗 오픈 빈도가 알리페이 오픈 횟수보다 월등하게 많기 때문에 언제 어디서나 리차이퉁에 들어올 수 있고 수시로 수익을 살펴볼 수 있다는 점이 위어바오보다 훨씬 매력적인 부분이다.

반면 위어바오는 이것으로 직접 소비와 쇼핑을 할 수 있지만 리차이퉁은 안 된다는 점이 가장 큰 차이다. 리차이퉁은 고객이 우선 은행 계좌에 돈을 넣어두어야 한다. 리차이퉁 구입 방법은 다음의 3단계로 이루어진다.

  1단계: 위챗을 실행해 리차이퉁에 들어가 은행 계좌번호를 연결시킨다.

  2단계: 구입할 액수를 입력하고 '입금'을 클릭한다.

  3단계: 이름, 신분증 번호, 연결 은행 계좌번호, 등록된 전화번호를 입력하고 확인이 되면 구입이 완료된다.

  구입 완료 후 사용자는 이 인터페이스에서 날마다 수익을 살펴볼 수 있다.

업계 관계자가 본 위챗 리차이퉁

위챗 리차이퉁의 등장은 소액 재테크 시장에 파란을 몰고 오기에 충분했다. P2P(peer to peer) 인터넷 대출 기업 런런쥐차이(人人聚財)의 CEO인 쉬젠원(許建文)은 위챗 리차이퉁은 앞으로 위어바오에 대항할 가장 잠재력 있는 상품으로 단기간 내에 위어바오 외의 다른 재테크 상품을 앞설 것이라고 말했다. 6억이 넘는 위챗 사용자 수가 최대 강점이라는 것이다.

하오다이왕(好貸網) CEO 리밍순(李明順)은 "리차이퉁은 현재 텐센트가 핀테크에 진입하는 가장 강력한 상품이다. 위챗의 사용자 수가 있기 때문에 위챗의 리차이퉁은 규모 면에서 위어바오를 넘어서 소액 재테크의 1인자가 될 가능성이 가장 크다."고 말했다.

리밍순은 모바일 인터넷은 오픈 빈도가 제일 높은 것이 사용자의 선택을 가장 많이 받는다는 법칙이 있다고 말한다. "현재 오픈율이 가장 높은 것이 위챗이다. 이것은 독보적인 강점이다."

현 단계에서 보면 위어바오와 리차이퉁은 각자의 강점이 있다. 위어바오는 알리페이의 오랜 결제 경험이 있고 선발주자의 우세도 있다. 리차이퉁의 강점은 사용자 수에 있다. 리밍순은 "결제 경험은 시간과 인재 도입을 통해 개선할 수 있다. 사용자 커버 능력이 최고의 능력이다. 나는 위챗의 잠재력이 더 크다고 본다."고 말했다.

그러나 후발주자인 리차이퉁의 강점이 두드러지지 않는다고 보는 사람들도 있다. 한 네티즌은 "이미 위어바오를 쓰기 때문에 이와 유사한 다른 상품의 필요성을 못 느낀다."고 말했다. 어떤 이는 중국판 트위터인 웨이보에서 '베끼기는 쉽지만 좋은 성과를 내기는 어렵다.'고 말하기도

했다. 펀드 애널리스트인 왕췬항(王群航)은 위챗 버전의 '위어바오'가 알리바바의 전자상거래 사이트인 타오바오(淘寶) 버전의 '위어바오'를 능가할 가능성은 크지 않다고 보았다. 그 이유는 이 두 사이트가 가진 고객군의 성격이 다르기 때문이다.

리차이퉁은 O2O 비즈니스 생태계를 형성할 것이다

쉬젠원은 위챗은 징둥, 쑤닝 등의 기업과는 비교할 수 없는 우위를 갖고 있어 O2O 비즈니스 생태계를 형성할 수 있다고 말한다.

현재 위챗 페이먼트, 알리페이 월렛 모두 모바일 결제 앱으로 확대되고 있다. 알리페이 월렛의 포지션은 '돈 버는 지갑'으로 인타이(銀泰) 백화점, 메이이자(美宜佳)편의점, 택시, 학원, 지하철 자동판매기에서도 모바일 결제가 가능하도록 했다. 위챗 페이먼트는 상핀저커우(上品折扣), 신스지(新世紀)백화점, 하이디라오(海底撈), 택시 등에서 모바일 결제가 가능하도록 했다. 쉬젠원은 "리차이퉁 출시 이후 재테크 관련 앱이 늘어나 사용자에게 논스톱 결제, 재테크 방안을 제공할 수 있게 되었다. 이는 위챗 생태 건설에 더 도움이 될 것이다."라고 말했다.

관련 링크 O2O 비즈니스 모델

O2O란 Online To Offline으로, 인터넷과 오프라인 비즈니스 기회를 결합시켜 인터넷을 오프라인 거래의 창구로 만든 것이다. 오프라인 서비스는 인터넷을 이용해 고객을 유치하고 소비자는 인터넷을 통해 서비스를 선별하여 거래가 성립하면 온라인에서 결제할 수 있어 빠르게 규모를 형성하고 있다.

최초의 O2O 모델은 2006년 월마트가 제시한 사이트 투 스토어(Site to Store)의

B2C(Business to Consumer) 전략으로 B2C를 통해 통합 주문하고 온라인 결제를 하면 고객은 4,000여 곳의 연쇄점에서 물건을 찾는다. 이 모델이 바로 O2O모델이다.

중국의 경우, 셰청왕(携程網, Ctrip), 다중뎬핑이 중국 최초의 O2O 모델이라고 할 수 있지만 정보 전달에만 집중했을 뿐 결제와 서비스는 보통 오프라인에서 진행되었다. 현재는 공동구매 모델이 온라인에서 정보 전달과 결제를 동시에 실현했고 오프라인에서 비즈니스와 서비스를 실현한 중국 O2O 시장의 축소판으로 볼 수 있다.

B2C, C2C(Customer to Customer) 같은 기존의 전자상거래 모델과 O2O는 어떤 차이가 있을까? 다른 점은 B2C, C2C는 온라인으로 결제하면 구매한 상품을 상자에 넣어 물류 회사를 통해 나에게 배송해주는 것이다. O2O는 온라인에서 결제해 오프라인의 상품, 서비스를 구매한 다음, 다시 오프라인에서 서비스를 누리는 것이다. 그러나 O2O와 공동구매는 차이가 있다. O2O는 인터넷 상점이고 공동구매는 가격을 할인해 주는 것으로 임시적인 마케팅이다.

관련 링크 위챗 리차이퉁의 시장 진입 우위

위어바오가 시장을 선점하기는 했지만 위챗의 리차이퉁은 시장에 진입할 때 상당히 큰 우위가 있었던 것은 분명하다. 물론 결국 이익을 보는 사람은 사용자다. 경쟁이 치열할수록 제품과 서비스는 좋아지기 때문이다.

1. 결제 환경의 우위

알리페이는 결제 도구일 뿐 SNS의 속성이 없다. 최근 텐센트의 어플리케이션인 수이인카메라(水印相機)와 비슷한 방식을 통해 알리페이의 SNS화를 꾀하고 있지만 텐센트와 비교할 수 없다. 알리페이에는 제품과 SNS의 DNA가 부족하기 때문이다. 위챗 사용자는 사회적 관계가 존재하기 때문에 여기에서 확장된 거래는 자연스러워 보인다. 따라서 타오바오와 위어바오의 관계에 비해 위챗의 온라인 쇼핑몰인 이쉰(易迅)은 사람들에게 더 친근하게 다가갈 수 있었다. 리차이퉁은 이런 강점을 기반으로 펀드 분야에 진입했다.

2. 위챗 사용자 수가 주는 우위

리차이퉁은 더 많은 사용자군에 진입했다. 6억 명이라는 위챗 사용자가 있기 때문에 리차이퉁은 성장률 면에서 실속이 있을 것이다. 실제로 보도에 따르면, 최근 발표한 테스트 버전은 1시간도 채 안 되어 테스트 상한액에 도달했다고 한다. 관련 데이터에 따르면, 2013년 인터넷 쇼핑 활성사용자 수는 약 3억 명이다. 이들이 모두 알리페이 사용자이고 모두 위어바오를 사용하며 다른 재테크 상품은 사용하지 않는다고 가정하면, 위챗이 중복되는 사용자 3억 명을 포기해도 3억 명이 남고 심지어 더 많은 사용자를 대상으로 서비스를 발전시킬 수 있다. 이 또한 리차이퉁이 가진 강점이다.

3. 협력 파트너와 금리

리차이퉁은 이번 테스트에서 화샤자산관리(華夏基金, ChinaAMC)를 이용했다. 화샤자산관리는 얼마 전 텐훙자산관리에게 추월당하기 전까지 머니마켓펀드(MMF)의 강자였다. 현재 화샤자산관리는 희비가 교차하고 있다. 위챗과의 협력으로 모바일 인터넷이라는 큰 배에 오른 것은 기쁜 일이지만 같은 날 머니마켓펀드 강자의 지위를 다른 사람에게 넘겼다는 것은 슬픈 일이다. 위챗은 리차이퉁 공식 개통 후 화샤자산관리 뿐 아니라 이팡다(易方達), 후이톈푸(匯添富), 광파(廣發)의 총 4개 머니마켓펀드를 도입할 예정이다.

이런 비독점 방식 때문에 리차이퉁은 경쟁력이 더 강화되었고 선택의 기회가 많아졌다. 사용자 입장에서 보면 서비스가 더 많아진다는 것이다. 또한 적의 적은 친구라는 말처럼 리차이퉁의 이 4개 '친구'는 위어바오와 더 치열하게 경쟁할 것이고 이 점은 최근 테스트 버전의 7일 연 수익률에서도 나타났다. 테스트 버전의 7일 연 수익률은 6.4350%로 위어바오의 5%에 비해 높았다. 바이두의 바이파처럼 '보조금'을 지급하지 않았어도 괜찮은 수익률을 보인 것이다. 앞으로 4개 펀드 기관은 개성 있는 서비스를 더 많이 출시하기 위해 노력할 것이다.

하루에 8억 돌파, 고수익 얼마나 갈 수 있을까

위챗 리차이퉁은 6일간의 오픈베타 테스트를 거쳐 2014년 1월 22일 공식 오픈했다. 공시한 7.394%라는 7일 연 수익률 외에 텐센트는 보너스 1,000만 위안을 내걸어 사용자의 구매를 유도했다. 시스템 마비로 지연되기도 했으나, 오픈 당일인 22일에만 위챗 리차이퉁 예금액이 8억 위안을 넘는 위용을 과시했다.

리차이퉁은 민성(民生)은행, 자오상(招商)은행, 젠서(建設)은행, 광다(廣大)은행, 광파(廣發)은행, 푸파(浦發)은행, 싱예(興業)은행, 핑안(平安)은행, 중궈(中國)은행, 궁상(工商)은행, 중신(中信)은행, 눙예(農業)은행 등 시중은행의 현금카드를 포함한 저축카드와 연결할 수 있다.

그러나 단기 지표인 7일 연 수익률은 최근 7일의 1만 위안당 수익을 연 수익률로 환산한 것으로, 매일의 진짜 수익률은 주식시장의 7일 캔들차트와 같다. MMF 상품의 7일 연 수익률은 단순한 참고 자료일 뿐이며 최종 수익은 (예금액/10,000)×1만 위안 수익으로 계산한 것이다.

애널리스트 왕췬힝은 MMF의 경우 단기 연 수익률은 참고 가치가 크지 않고 장기 수익률이 더 중요하다고 말한다. 자산관리사들도 최근 자금 시장을 보면 이렇게 높은 수익률은 이상한 것이 아니지만 단기적인 현상일 뿐이라고 보고 있다.

상하이의 한 자산관리사 임원은 위어바오보다 수익율을 1%포인트 이상 높였다는 것은 리차이퉁의 투자 능력을 말해주는 것이라며, 위챗 리차이퉁이 이를 빌어 위어바오의 사용자를 빼앗을 것이라고 말했다.

위챗 훙바오,
새해 온 천지를 누비다

말의 해, 위챗 친구 그룹을 가장 뜨겁게 달군 것은 '창훙바오(搶紅包, 세뱃돈 받기)'였다. 그룹 내 어떤 사람이 훙바오 총액과 수량을 정해놓으면 다른 사람이 이것을 획득하는 방식으로 훙바오 액수는 랜덤이며 많게는 훙바오 총액의 80%이고 적게는 2~3위안이다. 이 게임이 흥미로운 것은 훙바오 총액에 제한이 없고 10위안을 20명, 더 나아가 100명에게도 나눠줄 수 있다는 점이다. 훙바오를 받는 사람도 훙바오 개수에 치중하지 않는다. 몇 위안이라도 새해 행운이라고 여기기 때문이다.

위챗 훙바오 = AA서우콴 + 랜덤 계산법

수취 방식을 살펴보면, 위챗 훙바오는 AA서우콴(AA收款)[4]과 비슷하다. AA서우콴은 2013년 12월 텐페이(Tenpay, 財付通)가 출시한 서비스로

4　공동구매 및 모임에서 비용을 더치페이하기로 하고 한 사람이 우선 전체 비용을 계산한 다음, 계산한 사람이 다른 사람에게서 금액을 송금 받을 수 있는 서비스다.

사용자는 'AA서우콴' 서비스 계좌로 모임, 오락 등 다양한 장소에서 위챗 페이먼트를 통해 더치페이 금액을 송금하거나 받을 수 있다.

이 2가지 모두 '일 대 다수'의 관계로 AA서우콴이 한 사람이 여러 사람에게 돈을 받는 것이라면 웨이신 훙바오는 여러 사람이 한 사람에게 돈을 받는 것이다. 때문에 먼저 출시된 AA서우콴 기능이 위챗 훙바오의 기술 기반이 되었다.

사실 설계 초기 위챗 훙바오 팀이 구상했던 것은 '야오훙바오(要紅包, 세뱃돈 주세요)'였다. 즉 한 사용자가 다른 사용자에게 훙바오를 달라고 하는 것이다. 이것은 AA서우콴에 더 가깝다. 그러나 야오훙바오는 훙바오 요청을 받은 사람에게 거부감을 줄 수 있다는 단점이 있었다. 반면 창훙바오는 사람들에게 더 부담없이 다가갈 수 있다. 때문에 결국 출시된 훙바오는 '야오(주세요)'에서 '창(받기)'으로 바뀌었다.

그렇다면 다양한 훙바오 금액은 어떻게 만들까? 이것은 랜덤 계산법으로 만들어졌다. 훙바오를 어떻게 나눠줄 것인가를 놓고 고민한 훙바오 팀은 처음에 사용자에게 상서로운 숫자, 예를 들어 8로 끝나는 수를 고려했다. 하지만 이것은 다른 사용자에게 나쁜 숫자 조합이 돌아갈 가능성이 있었으므로 랜덤 숫자 조합 방식을 채택하기로 했다. 기술팀이 구현하기 힘든 방식도 아니었다.

사실 위챗 초기 상품 중에 양방향 게임 2개가 스티커 기능 속에 숨겨져 있었다. 하나는 가위바위보이고 다른 하나는 주사위 던지기이다. 이 두 게임은 결과가 랜덤으로 결정되는 것으로 예를 들어 이긴 사람이 돈을 내는 것이다.

위챗 훙바오에 랜덤 계산법이 적용되어 사용자는 랜덤으로 생성된

홍바오 '수익'을 받을 수 있게 되었다. 경우의 수가 다양하게 설정되었기 때문에 0.01위안이 나타나기도 했다.

위챗 훙바오 뒤에 숨은 매력적인 시장

위챗 훙바오는 중국의 설인 춘제(春節)에만 어울리는 게임일까? 분명 그렇게 단순하지만은 않다. 모바일 결제, 핀테크 등이 위챗 훙바오 뒤에 있는 매력적인 시장이다.

위챗 훙바오 게임을 해본 사람이라면 훙바오를 나눠주든, 받은 훙바오를 현금화하든 모두 위챗 계좌와 은행 계좌번호를 연결해야 한다는 것을 알 수 있다. 즉, 위챗 사용자 5억 명 가운데 1%만이 훙바오 게임에 참여해도 은행 계좌 500만 개가 위챗 금융 플랫폼에 가입하게 되며, 이로써 위챗 페이먼트, 모바일 재테크 등 기능을 갖추게 된다. 알리바바 산하의 위어바오가 사용자 4,900만 명이 넘었지만 사용자 축적에는 6개월이 걸렸다는 점에 주목할 필요가 있다.

다른 계산에 따르면, 위챗 사용자 5억 명 가운데 15%가 춘제 기간 동안 100위안의 훙바오를 발급한다면 75억 위안의 자금 순환이 형성되는 것이고, 하루만 지급이 연기되어도 쌓이는 수익이 보수적으로 잡아도 525만 위안에 달하며, 사용자의 30%가 현금 수령을 선택하지 않는다면 이자를 지급하지 않아도 되는 현금 22억 5,000만 위안이 계좌에 쌓인다.

왜 위챗은 사용자에게 은행 계좌번호를 연결시키라고 했을까? 은행 계좌가 더 '알차기' 때문이다. 신용카드의 가불 기능에 비해 은행 계좌 속 현금은 실제로 존재하기 때문이다. 특히 재테크를 할 때 사용자는 은행 계좌에 있는 돈을 먼저 선택한다. 위챗의 '리차이퉁'은 위어바오의 재테크 상품과 비슷해 선점의 기회를 놓쳤기 때문에 사용자의 주머니를 열 수 있는 다른 방법을 모색해야 했다.

'제2의 지갑'은 안전한가

위챗 훙바오가 인기를 끌고 있어도 여전히 많은 사용자가 이를 방관하고 있다. 은행 계좌 정보와 SNS 플랫폼을 연결하는 것은 안전하지 않다고 생각하는 사람들이 있는가 하면, 어떤 사람들은 모바일 결제 기능을 가진 휴대전화는 제2의 지갑으로 은행카드 빠른 결제, 실시간 계좌 이체 등 기능이 있어 기존의 지갑보다 '실질적 가치'가 훨씬 크기 때문에 휴대전화를 분실하면 손실이 너무 크다고 생각한다.

현재 인터넷 선두기업은 대부분 다중 인증과 제3자 보험 방식으로 모바일 지갑의 안전성을 높였다. 후샤오밍(胡曉明) 마이금융(螞蟻, Ant Financial) 최고위기관리책임자(CRO)는 알리페이의 경우, 결제, 비밀번호 찾기 등과 같은 핵심 조작은 모두 스마트 리스크 식별 시스템의 실시간 모니터링 하에 위험 등급에 따라 다른 안전 검증을 진행하고 있다고 말했다. 예를 들어 사용자가 휴대전화를 잃어버리고 자신의 컴퓨터에서 비밀번호 찾기를 했다. 그런데 다른 사람이 휴대전화를 주워 다른 컴퓨터에서 해당 휴대전화의 알리페이 비밀번호 찾기를 시도하면 반드시 '휴대전화 검사코드+신분증 정보' 등 더 높은 보안 등급의 검증을 거쳐야 한다. 이밖에 제3자 보험은 모바일 지갑의 안전성을 '끝까지 보장'한다. 사용자 계좌가 도난당하면 제3자 보험사가 전액 보상하며 금액 상한선은 없다.

인터넷 산업 연구원인 탕슝(唐泅)은 모바일 결제 클라이언트가 늘어나면서 모든 클라이언트가 리스크를 완벽하게 통제할 수 없게 되었다며 "제3자 보험은 기본적인 수단일 뿐 계좌가 정말 도난 당할 경우 증거 확인 과정이 길고 지루하기 때문에, 사용자가 믿을 수 있는 거래 플랫폼을 선택하고 휴대전화를 잘 보관하는 것이 가장 현실적인 방법"이라고 지적했다.

위챗 훙바오의 흥행 원인

2014년 춘제, 텐센트는 위챗 훙바오로 모바일 결제 분야에서 열풍을 일으켰다. TMT(Technology, Media, Telecom) 산업 종사자들은 위챗 훙바오는 텐센트가 모바일 결제 분야에 진출한 이후 가장 성공한 전략이었다고 평하며, 텐센트는 제로에 가까운 보급 비용으로 개인 모바일 결제 시장의 감제고지를 빠르게 점령해 알리페이에 한 방을 날렸다고 입을 모았다.

위챗 훙바오가 열풍을 일으킨 이유는 편리함과 큰 관계가 있다. 많은 사용자들이 위챗 훙바오가 편리하다고 생각한다. 사용자는 '신년훙바오(新年紅包)'의 공식계정(公衆號)[5]에 들어가 발급할 훙바오 개수, 발급 금액을 선택하고 축하 인사말을 입력하면 위챗 페이먼트를 통해 훙바오가 완성된다. 훙바오는 모르는 사람에게도 발급이 가능하며 지정된 친구에게 단독 발급을 설정할 수도 있다. 상대방이 훙바오를 열면 해당

5 위챗의 서비스 중 하나로 기업이나 기관 전용 마케팅 계정으로, 위챗 사용자를 대상으로 마케팅 활동을 할 수 있는 계정이다.

하는 홍바오 금액이 영업일 1일 뒤에 위챗에 연결한 은행계좌로 자동
이체된다.

더 중요한 것은 위챗의 강력한 소셜 네트워크와 위챗 홍바오가 가
진 '소셜게임' 성격이 위챗 홍바오를 눈덩이가 구르는 것처럼 빠르게 확
산시킨 가장 큰 이유라는 점이다. 전자상거래 관계자의 말을 빌면, 위챗
홍바오는 또 하나의 바이러스식 마케팅 사례이다.

우이(吳毅) 텐센트 텐페이 상품 최고관리자는 홍바오 기능이 사랑
받은 이유를 다음과 같이 분석했다. 첫째, 중국의 음력 설을 맞아 사용
자에게 홍바오에 대한 심리적 수요가 있었다. 둘째, 위챗이 인간 관계와
사회적 속성을 강조했다. 셋째, '창홍바오' 과정에 오락성을 더해 참여
도를 높였다.

한 언론매체는 홍바오 보내기의 가장 흥미로운 점은 '창(搶)', 즉 '받
기'라며 '창' 때문에 위챗 사용자가 순식간에 활성화되고 전파하려는 마
음이 생긴 것이라고 분석했다. 동시에 자유로운 금액 설정, 적절한 발송
내상 수, 세나가 분배 금액이 균등 분할 노는 랜넘으로 설정되어 '단체
추첨' 같은 느낌을 준 것이 유효했다는 것이다.

TMT 산업 종사자들은 텐센트가 위챗 홍바오를 통해 국면을 전환
시켰음을 느꼈다.

관련 링크 위챗의 '창홍바오' 열풍, 시스템을 마비시키다

위챗 5.2버전이 발표되면서 위챗이 순식간에 '홍바오'로 도배당했고 창홍바오를 위
해 위챗 임시 그룹이 우후죽순처럼 생겼다. 그 뒤에는 '신년홍바오'라는 공식계정
이 있으며, 이는 텐센트의 텐페이가 출시했다. 춘제 기간 많은 젊은이가 고향으로
내려가 가족과 만나면서 위챗 홍바오는 더 큰 범위에서 '바이러스'처럼 전파되었

을 것이다.

위챗 훙바오의 창의적인 자극 덕분에 천군만마가 리차이퉁으로 향했다. 그러나 위어바오에 있던 여윳돈을 리차이퉁에 넣으려다가 리차이퉁 시스템이 마비되는 바람에 결국 '위어바오에 다시 넣어 이틀치 수익만 손해 봤다'는 사람도 있었다.

우이 텐페이 상품 최고관리자는 "위챗 '훙바오'는 춘제를 겨냥한 맞춤상품일 뿐이니 이성적으로 대하기 바란다."고 말했지만 위챗 페이먼트 사용자가 1억 명이 넘는 것은 시간 문제로 보인다. 최근 예금 기간 7일의 리차이퉁 연 수익률은 7.45%로 보통 예금 수익률의 16배 이상이며, 같은 기간 시중은행 재테크 상품 3분의 1보다 수익이 크게 앞선다. 훙바오는 언제든지 구입하고 해지할 수 있다.

∙∙

알리바바와 텐센트의 스탈린그라드 전투

아마도 위챗 훙바오 전투는 텐센트와 알리바바가 벌인 모바일 결제 전쟁에서의 스탈린그라드전투[6]로 향후 전세에 중요한 영향을 미칠 것이다. 그러나 한 분석가는 텐센트와의 대전에서 알리바바가 가진 강점은 기존 기업 시장에서 우위를 점하고 있는 것이라고 말했다. 텐센트는 개인과 개인의 관계를 장악하고 있는 데 반해 알리바바는 기업과 기업의 관계를 장악하고 있다. 게다가 기업 시장은 수익률이 높고 매출이 안정적이다. 또한 알리페이는 PC 인터넷 제3자 결제 분야에서 여전히 크게 앞서고 있다.

---

6 제2차 세계대전 당시 1942년 7월부터 이듬해 2월까지 소련의 스탈린그라드(현 볼고그라드)에서 독일군과 소련군이 벌인 전투로 약 200만 명의 사상자를 내며 소련이 승리했다. 이 패배로 독일군은 심각한 전력 손실을 입어 제2차 세계대전에서 패하게 되었다.

"지금 우리가 걱정할 것은 텐센트의 훙바오가 아니다."

오랫동안 직원들에게 내부 메일을 보내지 않았던 마윈이 결국 참지 못하고 나섰다. 알리바바 회장이자 전 CEO인 마윈은 직원들에게 내부 메일을 발송해 이 말을 전했다. 전 직원에게 보낸 메일에서 마윈은 텐센트라는 경쟁 상대의 압박에 처음으로 반응을 보였다.

마윈은 직원들에게 보낸 메일에서 "지금 우리가 걱정할 것은 텐센트의 훙바오가 아니고 끊임없이 나타나는 유입 채널도 아니며 킬러급 데이터 상품의 개발도 아니다. 스스로 만족하거나 경쟁 압박 때문에 자신을 잃어버리고 우리가 잘하는 것을 잊는 것이다."라고 말하며 마윈은 "앞으로 3년 동안 전국의 수많은 기업과 새로운 비즈니스가 알리바바를 필요로 할 것이다."라고 말했다.

알리바바 CEO직에서 물러난 이후 마윈이 직원들에게 내부 메일을 보낸 경우는 거의 없었다. 그러나 시장에 새로운 변화가 나타나자, 특히 텐센트가 SNS, 결제, O2O 등 여러 분야에서 새로운 움직임을 보이자 마윈이 과감하게 나서 반응을 보인 것이다. 마윈은 "우리가 잘하는 일을 잊어버리는 것을 경계해야 한다. 앞으로 3년 동안 중국 전역에서 얼마나 많은 기업이 인터넷 비즈니스를 기다리고 있을지를 잊고, 얼마나 많은 새로운 비즈니스가 우리의 혁신을 기다리고 있는지를 잊고, 날마다 산을 올라야 한다는 것을 잊는 것을 걱정해야 한다."고 강조했다.

마윈은 알리바바가 다시 비즈니스에 집중하기를 바랐다. 잉훙(應宏) 모바일 타오바오 시장 책임자는 알리바바의 올해 주제는 '모바일 비즈니스'라고 말했다. 알리바바가 최근 발표한 여성의 날을 겨냥한 '모바일 타오바오 3.8 생활절'에서 볼 수 있듯이 이번 모바일 기념일 이벤트 홍보에 알리바바는 작년 '11.11'과 '12·12' 이벤트에 들인 비용보다 많은 돈을 투입했다.

메일에서 향후 발전 전망에 대해 마윈은 모바일 전자상거래는 모바일 인터넷 시대에서 가장 중요한 분야가 될 것이라고 지적했으며 클라우드+앱(Cloud+App)이 앞으로 모바일 인터넷의 핵심이 될 것이라고 말했다. 또한 알리바바는 앞으로 '클라우드'에서 '앱'까지 모바일 전자상거래에 '올인'해야 한다고 덧붙였다. 마윈은 "상업 사회에서 경쟁은 영원하고, 우리보다 더 나은 모델과 기업이 계속해서 나타날 것이며, 우리를 기쁘거나 슬프게 하는 혁신적인 변화도 계속 일어날 것이다. 그러나 알리바바는 인기 분야만 좇는 회사가 아니었다."고 솔직하게 말했다. 내부 메일에 마윈은 "고민과 아픔이 바로 참여감이다!"라며 끝을 맺었다.

새로운 모바일 인터넷 시대에는 선두기업이나 빠르게 발전하는 스타트업 모두 빠르게 변화하는 시장 환경에 직면할 것이며 이것은 무거운 압박인 동시에 무한한 도전과 기회이다.

· ·

엇갈리는 견해들

위챗 홍바오에 대한 여러 업계 관계자들의 관점을 살펴보자.

'홍바오 보내기' 기능은 소셜 네트워크와 결제 요소를 잘 결합해 위챗 신규 사용자 증가에 큰 도움이 되었다. 그러나 위챗 페이먼트는 시작이 늦었기 때문에 알리페이를 따라잡을 수 있을지에는 여전히 변수가 있다. 위챗 페이먼트와 알리페이는 다른 점이 있다. 전자는 SNS 소프트웨어에서의 빠른 결제 기능이고, 후자는 별도의 소프트웨어나 앱을 설치해 사용하는 순전히 결제를 위한 것으로 금융 속성이 더 강하다. 따라서 안전성을 더 많이 고려해야 하고 조작도 상대적으로 복잡하다. 앞으로 누가 모바일 결제 전쟁에서 승리할지는 사용 가능한 환경을 누가 더 많이 확보하느냐에 달려 있다.

— 왕웨이둥(王維東, 아이리서치(iResearch) 애널리스트)

인터넷이든 모바일 인터넷이든 주로 정보, 상거래, 관계의 3개 차원이 있다. 이 기준으로 나누면 알리바바는 상거래 차원이고 텐센트는 관계 차원에 있다. 정보와 상거래 차원에서 다른 2개 차원으로 확대하는 것은 비교적 어렵지만 반대로 관계 차원을 이용하면 정보와 상거래 차원으로 더 쉽게 도달할 수 있다.

— 리이(李易, 중국 모바일 인터넷 산업연맹 비서장)

알리페이가 PC 인터넷의 제3자 결제 분야에서 월등하게 앞서고 있지만 모바일 인터넷 분야에서는 독보적인 위치가 아니다. 알리바바의 창립자인 마윈이 더 위협을 느끼는 것은 위챗이 위챗 페이먼트, 게임, 전자상거래, QR코드 등의 기능을 도입한 이후 폐쇄형 순환 비즈니스 모델을 형성하여 알리바바에 잠재적인 타격을 줄 수 있다는 점 때문이다.

— 선정위안(申正遠, 중터우구원(中投顧問) 책임연구원)

위챗 훙바오가 알리페이의 10년 노력을 넘어섰다고 하는 사람도 있다. 이것은 너무 성급한 판단이다. '훙바오 보내기'는 위챗 페이먼트 확산에 큰 역할을 하였으며 저비용, 고회수의 성공적인 사례이다. 그러나 이것은 게임의 성격이 강했기 때문에 이것이 정말 모바일 결제로 전환될지는 더 지켜봐야 하고, 안전성, 업무, 결제 습관 등도 더 관찰해야 한다.

— 샹리강(項立剛, 평론가)

알리페이는 오래전부터 모바일 결제 전략을 시작했고 현재 타오바오와 톈마오(天猫, Tmall) 모바일, 공익사업 기부, 신용카드 사용료 납부, 위어바오, 택시 등에서 사용할 수 있다. 또한 2013년 연말부터 음파 결제, QR코드 결제 등 신기술을 선보여 상대를 잠시 앞섰다. 위챗 페이먼트는 사용 범위를 확대할 필요가 있고 고객과 더욱 밀착해야 한다. 이것은 단기간 내에 완성되는 것이 아니다.

— 알리페이 관계자

그러나 알리바바와 텐센트 중 누가 모바일 결제 분야의 패권자가 될 것인가는 차지하고, 말의 해 춘제 전투에서는 위챗 훙바오가 그동안 알리바바에 밀렸던 불리한 국면을 전환시켰다. 두 말할 나위 없이, 이번 전투에서는 텐센트가 승리했다.

현금 인출의 어려움이 불러온 의혹

춘제가 지나자 훙바오의 현금 인출 지연, 현금카드를 연결하지 않으면 현금인출이 불가능한 점, 많은 사람들이 현금카드 연결을 해제하는 등의 문제가 불거져 나왔다. 텐센트 관계자는 많은 사용자가 은행에 소액 거래를 집중적으로 요청하다 보니 처리가 조금 늦어졌다고 해명했다. 현금으로 인출하지 않은 훙바오는 사용 기한이 없기 때문에 춘제 이후 현금카드를 연결하지 않아도 현금으로 인출할 수 있도록 조치를 취하거나 훙바오 속 자금으로 쇼핑에 사용할 수 있는 방안을 내놓을 것이라고 밝혔다.

한 사용자는 춘제 때 친구가 보낸 위챗 훙바오를 받았지만 현금카드를 연결하고 싶지 않기 때문에 훙바오 계좌에 돈을 그냥 묵혀둘 수밖에 없다고 말했다. 해외에 있는 친구들도 위챗 훙바오를 받았지만 국내 은행 계좌와 휴대전화가 없기 때문에 현금으로 인출할 수 없어 돈을 보고 '탄식할' 수밖에 없다고 말했다. 이에 대해서도 텐센트는 현금카드를 연결하지 않아도 현금으로 인출할 수 있는 조치를 취하거나 홍바오 속 자금을 쇼핑에 사용할 수 있는 방안을 내놓겠다고 말했다.

홍바오 현금 인출 지연 현상도 속속 나타났다. 한 사용자는 홍바오 현금 인출 과정이 너무 느려 3일이 지나도 은행 계좌에 들어오지 않았다면서 "1월 30일에 받은 홍바오가 아직도 은행 계좌에 들어오지 않았다."고 말했다. 이에 대해 텐센트 관계자는 춘제 연휴 뒤 많은 사용자가 은행에 몰려 처리가 늦어진 것이라며 "이 문제를 조속히 해결하기 위해 은행과 협의하고 있다."고 말했다. 해당 관계자는 또한 받은 홍바오를 사용자의 위챗 홍바오 계좌에 있는 한 사용 기한이 없다고 말했다. 현금카드 연결 여부에 관계없이 위챗 홍바오는 영원히 유효하다.

홍바오의 이자는 누구에게 돌아갈까

위챗 홍바오 현금 인출난이 계속되자 외부에서는 위챗 페이먼트가 '보류된 사용자 자금'과 축적된 자금을 통해 이자 수입을 얻는 것 아니냐는 의혹을 제시했다. 텐센트는 사용자의 자금 보관에 있어서는 중앙은행의 관련 규정을 엄격히 준수하고 있으며, 계좌는 안정성을 보장할 수 있고 다른 용도로는 절대 사용하지 않는다고 밝혔다.

텐센트가 발표한 자료에 따르면, 음력 12월 31일부터 1월 8일 동안 800만 명이 넘는 사용자가 위챗 홍바오 이벤트에 참여했고 4,000만 개 이상의 홍바오가 수령되었다. 1인 당 평균 4~5개의 홍바오를 받았고 홍바오 평균 금액은 10위안 이내였다. 이것을 근거로 각 훙바오 금액을 최대 10위안으로 계산해보면 위챗 훙바오의 거래액은 4억 위안에 달한다.

중앙은행의 비 금융기관 결제 서비스 관리 방법과 결제기관 고객 지급준비금 예탁 방법 등에는 훙바오 같은 자금의 이자 귀속 문제가 명확하게 규정되어 있지 않다. 중앙은행은 지급준비금을 결제기관 자신의 비당좌예금으로 옮길 수 있다고 규정해 해당 기관이 상당한 이자를 받을 수 있다. 사실 이것은 지급준비금 이자를 결제기관이 소유할 수 있도록 한 것으로 결제기관에게 수익 공간을 남겨준 셈이다.

텐센트,
금융 제국을 건설하다

텐센트가 금융 제국을 건설한다는 것은 빠르게 발전하는 핀테크에서 '시기, 장소, 사람'을 갖추었다는 말이다. 텐센트가 금융 분야에 진입해 성공을 거두려면 '시기, 장소, 사람'의 기회를 잡아야 한다.

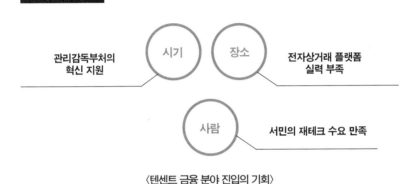

〈텐센트 금융 분야 진입의 기회〉

시기: 관리감독부처의 혁신 지원

현재까지 중국의 기존 은행 기관은 독점적인 금융 영업허가증의 보호 아래 가만히 앉아 있어도 막대한 예대금리차 이윤을 챙기고 있다. 사정이 이렇다 보니 중국 은행은 서비스 의식과 혁신 의식이 희박해졌고, 바로 이점이 인터넷 기업이 금융으로 진출할 수 있는 기회를 마련해주었다.

이환환(易歡歡) 홍위안(宏源)증권연구소 부소장은 "중국 금융업의 막대한 수익이 인터넷 기업을 자극했고 그들은 금융을 제4의 현금화 기회로 삼았다. 또한 중국 금융 체계의 불완전성과 저효율도 인터넷 기업이 금융 분야에 진출할 수 있는 조건을 마련해주었다."고 말했다.

관리감독부처는 상대적으로 진보적인 태도를 보이며 핀테크 발전을 장려했다. 위어바오 상품 개발에 참여한 한 관계자는 위어바오의 성공은 '행정기구 간소화와 권력 하부기관 이양'이라는 관리감독부처의 철학과 큰 관계가 있다고 말했다. 예를 들어, 일부 시중은행 관계자는 관리감독부처의 텐센트 등 제3자 결제기관에 대한 관리감독이 느슨하기 때문에 이로 인한 매매차익이 발생했다고 말했다.

"미국의 경우, 결제기관은 반드시 해당 주(州)의 1급 통화 결제 영업 허가증을 취득하고 2개 기관의 관리감독을 받아야 한다. 캐나다의 경우, 인터넷 융자를 증권 업무로 봐서 반드시 증권 관리감독 기관의 관리감독을 받도록 했다. 유럽연합(EU)의 경우, 결제기관이 금융 업무를 취급할 경우 반드시 이에 해당하는 영업허가증을 신청하고, 은행과 마찬가지로 관리감독을 받도록 했다." 국유 상업은행의 임원의 말이다.

그는 외국은 핀테크와 기존 금융기관에 대한 관리감독 수준이 비슷한 편이라며 "국내도 기능 관리감독을 강화해야 한다. 결제기관을 금융기관이라고 부르지는 않지만 금융 서비스 기능을 하고 있으니 관리감독을 받는 것이 당연하다."고 말했다.

중앙재경대학교의 한 교수는 "중국은 기존 금융에 대한 관리감독에 매우 엄격하다. 중국인민은행, 중국은행업감독관리위원회(은감회), 중국증권감독관리위원회, 중국보험감독관리위원회가 세밀하게 나누어 진행한다. 그러나 핀테크는 새로운 것이기 때문에 관리감독의 '사각지대'에 놓이는 경우가 많다."고 말했다.

관리감독부처는 핀테크의 혁신을 장려하고 낙관적으로 바라보고 있는 편이지만 인터넷 기업이 은행업에 종사하는 것에 대해서는 매우 신중한 태도를 취하고 있다.

마윈은 "은행이 변하지 않으면 우리가 은행을 변화시키겠다."고 격앙했지만 은행을 변화시킨다고 해도 알리바바가 인터넷 은행을 개설할 수 있는 것은 아니다. 텐센트도 마찬가지다.

뤼쑤이치(呂隨啓) 베이징대학교 금융학과 부주임은 "중국의 관리감독부처는 금융 체계, 특히 은행 체계의 안정을 늘 우선 순위에 놓았다. 핀테크가 은행의 서비스 향상을 촉진하는 역할을 하겠지만 인터넷 은행은 앞으로 몇 년 안에는 개방되지 않을 것이다."라고 말했다.

마화텅은 정책을 잘 이해하고 있는 것처럼 보인다. 인터뷰에서도 현 단계에서 중국에 인터넷 은행이 생길 것이라고 생각하지 않는다고 말했다. 마화텅은 "텐센트가 인터넷 신용대출 업무를 하고 있다고 해도 은행과 협력하고 은행이 출자하도록 하는 데 무게를 둘 것이다."라고 말했다.

사실 관리감독부처는 은행업에 비해 보험업과 증권업의 혁신을 더 많이 지원하고 있다. 최근에는 중궈핑안, 알리바바, 텐센트가 공동 설립한 중안보험이 중국보험감독관리위원회에게 개업 허가를 받았다.

2014년 4월 1일, 중국 국가공상국이 발표한 기업명 심사비준 공고에 따르면, '펑귄은행 주식유한공사'라는 이름이 비준을 받았다. 펑귄과 관련된 기업이라면 어디가 떠오르는가? 이것은 해당 기업이 만약 은행 관리감독부처의 허가를 받아 은행 영업허가증을 취득하면 '펑귄은행'이 탄생한다는 뜻이다.

한 달 전, 은감회 관계자가 민영은행에 관한 기자회견에서 1차 5

개 민영은행의 경영 모델을 기본적으로 확정했으며, 그 가운데 텐센트와 바이예위안(百业源)은 대존소대(大存小貸)[7]라고 밝혔다. 당시 네티즌들은 "텐센트가 은행을 설립하면 펭귄은행이라고 해야 하지 않는가?"라고 했다. 그렇다면 명칭을 비준받은 '펭귄은행'과 텐센트는 도대체 어떤 관계가 있을까?

2014년 5월 23일 뉴스 보도에 따르면, 첸하이(前海)협력지구가 일회성으로 외부에 토지 4구역을 양도했으며, 텐센트가 15억 5,000만 위안으로 제일 큰 토지를 분할받았다. 텐센트가 설립하려는 은행 본사가 이곳에 들어설 예정이다. 지난해 텐센트는 첸하이관리국과 입주를 협의했고, 마화텅 CEO는 앞으로 첸하이에 100억 위안 이상 투자할 것이라고 밝혔다. 텐센트가 분할받은 토지는 텐센트 은행의 본사가 들어설 것이라고 한다. '텐센트 은행'이란 텐센트와 선전 바이예위안투자유한공사(이하 바이예위안)이 공동 발기인으로 첸하이에 설립 예정인 민영은행이다. 은행의 정식 명칭은 아직 정해지지 않았다. 현재 첸하이은행, 첸하이과학기술은행, 펭귄은행 등의 명칭을 국가공상총국에 사전 비준을 받은 상태다. 내부 사정에 정통한 인사에 따르면 텐센트의 민영은행 명칭은 아직 확정되지 않았고, 첸하이은행, 펭귄은행 등 사전 등록한 이름 중에서 선택할 것이라고 한다.

관련 링크 마화텅은 금융의 꿈을 얼마나 이룰 수 있을까

1년간 세간을 떠들썩하게 했던 텐센트의 민영은행 준비가 마침내 수면 위로 떠올랐다. 최근 은감회로부터 민영은행에 관한 회신 문서를 받은 텐센트는 현재 임원급

---

7   저축 한도는 낮추고 대출 한도는 높이는 모델로 중국은행업감독관리위원회가 정한 민영은행의 4가지 경영 모델 중 하나다.

을 채용하고 은행의 포지션 전략을 제정하고 있다. 텐센트와 선전 바이예위안이 신청한 민영은행의 초기 이름은 '첸하이(前海)은행'이고 규모는 아직 확정되지 않았다. 인터넷 강자가 은행업에 진출하면 핀테크에는 어떤 혁신과 실험이 진행될 것인가? 기존 은행업에 어떤 영향을 줄 것인가? 대중은 '첸하이은행'에 어떤 기대를 하고 있을까? 언론 보도와 전문가들의 말을 토대로 다음 8가지 상황을 추측해보았다.

추측 1: 중국 금융시장 전체를 흔들 것이다?

중국 은행업협회 연구발전위원회 야오(姚) 주임은 최근 은행 영업허가증을 받은 '첸하이은행'이 텐센트의 QQ 활성사용자 8억 명과 위챗 활성사용자 3억 5,500만 명, 여기에 징둥 지분 확보로 얻은 개인 인터넷 쇼핑 시장을 더해 앞으로 자신의 장점을 잘 활용하고 인터넷 은행과 오프라인 지점을 완벽하게 결합하여 순조롭게 발전할 것이며, 개인 소비 금융 분야에서 발전을 거듭해 자신의 지위를 공고히 하고, 동시에 중국 금융시장 전체를 흔들 것이라고 말했다. 특히 중국 국내 은행업에 새로운 변화를 가져올 것이라고 말했다. 첸하이 지역은 중앙정부가 금융 개혁에 관한 특수 정책을 시행한 국제 위안화 업무 혁신 시범지구로 우대 정책이 많아 수많은 다국적 기업이 입주를 결정했다. '첸하이은행'은 첸하이 특수 금융 정책을 충분히 이용해 국제 위안화, 국제 결제, 모바일 결제 등 금융 혁신을 적극적으로 모색할 것이다. 혁신에 성공하면 민영은행, 더 나아가 전국 은행으로 범위로 확대할 수 있게 된다. '첸하이은행' 같은 민영은행이 나타났다고 해서 단기간 내에 기존 은행의 강력한 지위를 흔들지는 못할 것이다. 새로운 경제 시대가 오면서 기존 은행의 입장에서는 시장, 고객, 채널에 모두 변화가 생겼다. 특히 핀테크의 출현으로 고객이 금융 상품 마케팅과 서비스를 보다 직접적으로 체험할 수 있게 되었고, 소비자와 만나는 접촉면이 넓어졌으며, 전파 속도가 빠르고 비용이 더 저렴해졌다. 이것 또한 기존 은행에게는 가려운 부분이자 아픈 부분이다. 따라서 기존 은행은 이미 이룬 성과에 취해 나태해져서는 안 되며 현실에 안주해 전진을 망설여서도 안 된다.

추측 2: 인터넷을 통해 '자금 흐름'을 해결할 수 있다?

〈징바오(晶報)〉의 재정경제 기자이자 〈시펑수첸(習風數錢)〉 칼럼의 주간인 시펑(習風)은 은행업에 뛰어든 인터넷 기업을 두고 졸다가 베개를 만난 격이라고 말했다.

은행은 중개를 하는 곳으로 자금 공급자와 수요자를 연결하는 역할을 하는 것이다. 중매인이 되었으면 공급자와 수요자의 자유 연애 또는 보다 완벽한 자유 연애 조건을 제공해야 금융이 '이탈'할 수 있다. 인터넷 기업은 자금 공급자와 수요자가 자유 연애를 할 수 있는 완벽한 조건을 갖추었다고 할 수 있다. 인터넷 기업이 은행을 개설하지는 않았지만 이미 은행의 속성을 일정 부분 갖췄고 이것은 또한 알리페이와 위어바오 등이 인기를 끈 이유이기도 하다.

도처에 위험이 도사리고 있는 시대에 인터넷 기업이 설립한 민영은행은 기존 은행보다 리스크가 크지 않다. 통제할 수 있는 데이터가 있어 경영과 관리감독이 편리하다. 이것이 바로 관리감독부처가 인터넷 기업이 민영은행을 시험하도록 한 이유일 것이다.

추측 3: '펭귄제국'의 '중앙은행'이 될까?

선전 모 은행협회 소속의 왕씨는 텐센트가 금융업을 어떻게 할지는 생각해 볼 필요가 없다고 말했다. 텐센트가 어떻게 하느냐가 아니라 사람들의 금융 수요가 무엇인지가 중요하고, 이 금융 수요는 사람들의 소셜 네트워크 수요에 숨어있는 것이라고 지적했다. 예를 들어 SNS에서 여자친구에게 꽃 한 송이를 선물하려고 해도 돈을 내야 하기 때문이다. 더 멀리 보면 텐센트는 가상 사회를 구축한 것이고 이 가상 사회에서 텐센트는 가장 밑바닥 부분이자 기초이다. 텐센트가 금융을 하면 수많은 사용자를 각 금융 기관으로 전환시켜 텐센트 '펭귄제국'의 중앙은행이 될 것이다!

추측 4: 기존 은행에서 인재를 스카우트한다?

텐센트의 직원인 우(吳) 씨는 지금은 언론에 '첸하이은행' 관련 정보를 밝힐 수 없다고 말했다. 인터넷 기업인 텐센트는 뛰어난 IT 인재가 많고 인력과 자금 모두 부족하지 않지만, '첸하이은행'의 임원층은 다른 기업이나 은행에서 스카우트해야 하기 때문이다. 얼마 전 각 대형 언론매체가 핑안의 유능한 간부인 구민(顧敏)이 텐센트가 설립한 민영은행의 초대 은행장이 될 것이라고 보도하여 파문이 일기도 했다. 은행 관리 경험이 부족한 '첸하이은행'은 핀테크 분야의 인재를 계속 스카우트할 것이다.

추측 5: 오프라인의 실물 지점은 정말 필요 없는가?

한 대형 국유은행 고객 담당자인 푸(付) 씨는 QQ와 위챗의 막대한 사용자가 있는 모바일 단말기가 바로 텐센트가 설립한 '첸하이은행'의 지점과 같아 전통적인 의미의 오프라인 지점은 필요 없을 것이라고 말했다. 앞으로 인터넷 은행은 온라인 신청, 백오피스 심사, 오프라인 카드 발급의 형태로 나갈 것이며, 계좌이체, 송금, 무카드 현금 인출, 결산 등 업무도 모바일 뱅킹으로 옮겨갈 것이다. 현금인출은 다른 은행의 ATM기에서 하면 되고 더 나아가 무카드 현금인출이 활성화되면 실물 은행 카드가 필요 없어질 수도 있다. 주요 고객 업무는 오프라인의 'VIP 서비스 라운지' 같은 사무실에서 처리할 수 있어 시내 번화가에 지점을 설립할 필요가 전혀 없다.

추측 6: 인터넷적 사고를 이용해 각종 비용을 절감할 수 있다?

한 연구원의 딩(丁) 원장은 텐센트 은행이 얼마 전에야 비준을 받았지만 사실 오래 전부터 다양한 금융 업무를 해왔다고 지적했다. 텐센트는 알리바바와 마찬가지로 은행이라는 이름은 없지만 오래 전부터 은행 업무를 했다. 텐센트와 알리바바는 리차이퉁과 위어바오를 통해 민간 저축을 다량 유입시켰으며 택시, 식당 예약, 쇼핑 등 결제 환경을 마련해 일정 부분 은행의 역할을 이미 해왔다. 텐센트는 인터넷적 사고를 이용해 각종 비용을 절감하고 거래 단계의 수수료를 인하하며 대출 문턱을 낮출 것이다. 또한 텐센트는 수억 중국인이 수년 동안 해온 인터넷 행위 데이터를 가지고 있어 자금 안전과 신용 통제에서 자신만의 강점이 있다.

추측 7: 인터넷 은행이라는 생각을 버리고 새롭게 포지셔닝할 것이다?

한 시중은행의 고객 담당자인 궈(郭) 선생은 2014년 3월 알리바바, 완샹(萬向), 텐센트, 바이예위안, 쥔야오(均瑤), 푸싱(複星), 상후이(商匯), 화베이(華北), 정타이(正泰), 화펑(華峰) 등 민간 자본이 참여한 1차 5개 민영은행이 공식적으로 '출생 허가증'을 받아 텐진(天津), 상하이, 저장(浙江), 광둥(廣東)에서 각각 은행업을 시작한다고 말했다.

당시 발표된 정보에 따르면, 민영은행은 4가지 모델로 나뉜다. 알리바바가 발기한 은행은 '소존소대(小存小貸)'[8], 텐센트는 '대존소대', 텐진은 '공존공대(公存公貸)'[9], 다른 두 곳은 '특정지역(特定地區)'[10] 모델로 현지 소규모 기업과 금융 소비자에게

8   예금과 대출 상한선을 제한하는 모델이다.

9   법인만 대상으로 하는 모델이다.

10   업무와 지역 범위를 제한하는 모델이다.

서비스를 제공한다. 은감회가 제시한 '대존소대' 포지션에 부합하기 위해 텐센트는 인터넷 은행이라는 생각을 버리고 새롭게 포지셔닝할 것이다.

텐센트가 설립한 은행은 경영 모델에서 혁신을 감행하여 기존 자원을 통합해 공급 사슬 금융 업무를 발전시킴으로써 실물경제와 더 긴밀하게 결합할 것이다. 텐센트 자체도 작은 기업에서 선두기업으로 점진적으로 발전했기 때문에 텐센트의 은행은 기업의 수요 포인트를 더 잘 파악하고 있고, 다른 기업과의 협력을 통해 상당히 많은 기업 데이터를 축적했으며, 이들 데이터는 상대적으로 정확하기 때문에 기업 신용공여 시 더 정확한 판단을 할 수 있다.

추측 8: 개인의 모든 금융 수요를 만족시킨다?

원화(文化)컨설팅의 책임자 구(辜)씨는 현재까지 은행들이 기업과 협력하여 고객에게 제공한 서비스는 할인 혜택이 많았다고 지적했다. 은행이 함께 할 수 있는 기업은 제한적이고 게다가 일반 시민은 모든 은행과 거래할 수 없기 때문에 자연히 제한적인 혜택만 받았다. 위어바오 같은 재테크 상품은 시작 금액도 낮고 조작도 간편해 태생적으로 시민이 돈으로 돈을 불리기에 유리하다. 이런 것들이 은행이 고객에게 주는 가장 근본적인 혜택이다.

장소: 전자상거래 플랫폼 실력 부족

강력한 플랫폼 자원, 특히 전자상거래 자원은 인터넷 기업이 금융에 진출할 수 있었던 '장소의 이점'을 제공했다. 리다오쿠이(李稻葵) 칭화(淸華)대학교 중국 및 세계경제연구센터 주임은 "핀테크는 주로 전자상거래와 인터넷 쇼핑을 하는 소비자의 금융 수요에서 힘을 발휘한다." 고 말했다.

우샤오링(吳曉靈) 전국인민대표대회 상무위원, 재경위원회 부주임은 최근 핀테크가 제공하는 4가지 서비스를 다음과 같이 종합했다.

1	전자상거래와 결합한 결산 서비스
2	판매 정보를 기반으로 한 소액 대출 서비스
3	결제 계좌 표준화를 기반으로 한 금융 상품 판매
4	대출 양측의 정보 플랫폼, 예를 들어 P2P 플랫폼

〈핀테크의 4가지 서비스〉

우샤오링 부주임이 종합한 앞의 3가지 핀테크 모델은 모두 강력한 전자상거래 플랫폼을 필요로 한다.

강력한 전자상거래 플랫폼을 기반으로 축적된 막대한 자금은 인터넷 기업이 금융 분야로 진출하는 기반이 되었고, 동시에 전자상거래 플랫폼에서 축적한 인터넷 쇼핑 데이터를 기반으로 소액 신용대출 잠재 고객의 계약 위반 가능성을 산출해 대출 비용을 낮출 수 있었다. 이들 금융 서비스는 상점의 플랫폼에 대한 밀착력을 한층 높일 것이다.

그러나 텐센트는 전자상거래 분야에서 실력이 부족하다. 이것은 텐센트의 금융 전략의 최대 약점이다. 2012년 5월 18일 진행한 회사 조직 구조 조정에서 텐센트는 기존의 업무를 기업발전사업군(CDG), 양방향 엔터테인먼트군(IEG), 모바일인터넷 사업군(MIG), 온라인 미디어 사업군(OMG), 소셜네트워크 사업군(SNG)으로 재편하고, 기존의 연구개발과 운영 플랫폼을 통합하여 새로운 기술공정 사업군(TEG)을 만들고 텐센트 전자상거래지주회사(ECC)를 설립하여 전자상거래 운영에 집중하도록 했다.

경쟁상대인 알리바바의 전자상거래 분야에 비해 계속 열세를 보여 왔던 텐센트는 독립적인 자회사 설립을 결정해 업계 관계자들의 눈길을 끌었다. 한 전자상거래 관계자는 이 '독립'이 텐센트 내부에서 전자상거래의 지위가 향상되고 앞으로 투자할 자원도 많아져 이 사업을 담당하는 임원의 능동성도 높아질 것임을 뜻한다고 말했다.

텐센트 그룹 내에서 충분한 관심을 받고 있지만 텐센트의 전자상거래는 여전히 지지부진하다. 중국 전자상거래 연구센터 데이터에 따르면, 2013년 상반기 알리바바의 텐마오가 50.4%의 시장 점유율을 기록하며 B2C 인터넷 거래 1위를 차지했고, 알리바바는 B2B 분야에서 시장 점유율 46.4%를 기록하며 1위를 차지했다. 타오바오지스(淘寶集市)는 C2C 분야에서 전체 시장의 95.1%를 차지했다.

텐센트의 3대 주요 전자상거래 사이트인 파이파이왕, QQ왕거우, 인수합병한 이쉰왕(易迅網, yixun닷컴)은 알리바바를 따라잡지 못하고 있다. 아이리서치 통계에 따르면, 2012년 텐마오의 거래 규모는 2,192억 4,000만 위안에 달하지만 QQ왕거우와 이쉰왕을 합쳐도 200억 위안이 채 안 된다.

전자상거래는 힘을 못쓰고 있지만 텐센트 게임은 텐센트의 큰 강점이다. 최근 몇 년 텐센트의 재무제표를 보면 온라인 게임 매출이 텐센트 전체 매출의 50% 이상을 차지했다. 황전(黃震) 중앙재경대학교 금융법연구소 소장은 전자상거래 플랫폼 부족으로 텐페이가 알리페이에 비해 시장 점유율이 낮지만 "텐센트는 인터넷 게임이 있고 게임은 결제가 필요하기 때문에 크게 걱정할 필요는 없다. 위챗도 이것을 연결시켜 자원을 통합하면 더 나은 효과를 거둘 것이다."라고 말했다.

사람: 서민들의 재테크 수요를 만족시키다

최근 QQ 활성사용자 수가 7억 8,000만 명을 넘어섰고 동시접속자 수가 1억 6,000만 명을 넘었다. 텐센트는 또한 6억이라는 SNS 사용자와 최고 880만이라는 온라인 게임 사용자, 3,460만 무선 활성 등록 사용자, 웨이보, 위챗 등의 1억 명이 넘는 사용자, 텐페이 서비스의 개인 사용자도 2억 명을 돌파했다.

업계 관계자는 텐센트가 다량의 사용자를 보유했기 때문에 보험 판매, 펀드 판매, 인터넷 증권거래 대리 등 서비스를 쉽게 할 수 있다고 말했다.

그러나 텐센트는 큰 플랫폼을 보유했다는 강점은 있지만 서민 금융 서비스 철학 면에서 뒤떨어진 상황이다. 은행이 '가난한 사람보다 부자를 선호하는' 상황에서, 알리페이가 '서민'의 재테크 수요에 관심을 갖고 이것을 기회 삼아 '사람'이라는 측면에서 우위를 점유한 것이다. 개개의 '서민' 고객의 가처분 자산은 비교적 적지만 이것이 모여 막대한 펀드 규모를 형성했고, 거대한 시장 효과와 입소문 효과를 거두었다.

황전 소장은 "핀테크를 서민금융, 별 볼 일 없는 이들의 금융이라고 하는 사람도 있지만 우리는 별 볼 일 없는 사람들이 천하를 얻어야 한다고 생각한다."고 말했다. 서민 사용자는 자금 규모가 작아 5만 위안, 10만 위안부터 시작하는 은행 재테크 상품에서 오랫동안 배제되었지만 이것이 서민 사용자에게 재테크 수요가 없다는 것을 뜻하지는 않는다.

그러나 텐센트는 이 기회를 잡지 못하고 알리바바에게 '선점의 기회'를 넘겨 주었다. 텐페이만 해도 현재 중국의 제3자 결제 시장의 20%를 차지해 규모가 작다고 할 수 없지만 금융 혁신 정신이 부족해 텐센트 스타일만 고수하다 기회를 놓친 것이다.

한 핀테크 관계자는 텐센트가 핀테크를 하는 중요한 이유 중 하나는 사용자의 밀착력을 유지하기 위한 것이라고 말하며 "타오바오가 잘되면 텐센트의 파이파이왕도 따라가고, 알리페이가 잘되면 텐페이도 그 뒤를 바짝 좇는 것이다. 텐센트는 모든 분야에서 '남이 있으면 나도 있기를' 바란다. 결국 사용자 수가 보장되는 것을 전제로 한 사용자 밀착력이 전부"라고 말했다.

그러나 말이 좋아 '남이 있으면 나도 있다', '사용자 밀착력을 보장한다'일 뿐 사실 텐센트가 혁신이 부족하다는 것을 보여주는 것이다. 서민 사용자의 재테크 수요를 만족시키려면 금융을 이해해야 하고 혁신이 더 필요하다.

현재 재테크 펀드 시장이 낙후된 상황에서 마화텅은 모바일 결제 분야의 돌파를 시도하고 있다. 마화텅은 모바일 결제는 금융 분야에서 텐센트가 목표로 하는 발전 방향이고 현재 모바일 결제를 더욱 편리하게 하는 방법을 연구하고 있다며, QR코드 등 앱 플랫폼을 통한 소액 결제 서비스를 준비하고 있다고 말했다.

서민 사용자의 금융 수요를 만족시키고, 금융 DNA를 이식하며, 혁신 정신을 강화한다면 텐센트 모바일 결제 분야의 전망은 더욱 밝을 것이다.

제**2**장
위챗의 시대가 왔다

중국에는 57번째 민족이라 불리는 '디터우족(低頭族)'이 출현했다. 갈수록 많은 사람이 고개를 숙이고 휴대전화를 쳐다보는 디터우족의 일원이 되어가고 있다. 아침에 눈뜨자 마자, 점심시간 휴식을 취하면서, 저녁에 자기 전, 심지어 화장실에서도 휴대전화를 꺼내 위챗을 한다. 2011년 텐센트가 QQ이메일을 통해 위챗 소프트웨어를 집중적으로 보급한 결과 2014년 초, 위챗 사용자 수가 5억 명으로 급증하여 3대 통신사를 공포에 떨게 했다. 인터넷 선두기업 간의 거리도 조금씩 벌어져 텐센트에 대항할 수 있는 기업이 줄었고 사람들은 이제 위챗의 시대가 왔다는 것을 인식하게 되었다.

위챗 시대로
진입하는 기업들

일상 생활 속에서 위챗의 응용 범위는 점점 확대되고 있다. 주말 친구와 모임 후 결제를 할때 QR코드를 읽으면 할인 혜택을 받을 수 있다. 갑자기 극장에 가기로 결정해도 문제 없다. 휴대전화를 꺼내 지금 있는 곳의 위치를 공유하면 가장 가까운 극장 위치와 공동구매 정보를 빠르게 찾을 수 있다.

위챗에서는 다양한 식당 정보와 다른 소비 정보도 받을 수 있다. 인스턴트 메시지 툴인 위챗은 사람들의 소통과 연락 방식은 물론 기업의 마케팅 방식도 바꾸었다. 이런 장애물이 없는 점 대 점의 연결은 마케팅 효과에도 큰 변화를 가져왔다. 위챗의 친구 그룹이 가장 좋은 예다. 친구 그룹에서 공유된 상품은 신뢰도가 높기 때문에 입소문을 타고 퍼지며 실수요에 더 부합하여 큰 사랑을 받는다.

위챗의 침투력 높은 마케팅 효과는 마케팅이론의 '연못 이론'에 부합한다. 고객을 물고기라고 한다면 고객이 모인 곳이 연못이다. 연못 이론은 기업이 고객의 기호와 특성을 분석해 마케팅 전략을 세우면 물고기를 잡는 효과를 극대화시킬 수 있다는 것이다.

보다 개방적인 웨이보와 달리 순수한 소통 도구인 위챗은 사적인 면이 더 강하다. 위챗의 친구 그룹은 작은 커뮤니티로 위챗 모멘트[11]에 있는 친구들은 취향도 비슷해서, 개성화된 수요를 만족시키는 콘텐츠를 푸시(주위의 특정 범위 내, 일정 시간에 나타나는 사람에게 정보 발송)할 수 있다. 또한 이 플랫폼은 고객의 충성도 유지에 유리하고 사람들의 눈길을 쉽게 끌 수 있으며, 실시간 정보 소통을 통해 브랜드 인지도를 높여 더 많은 고객을 단골 고객으로 만들 수 있다.

실제로 미디어를 매개로 하는 마케팅은 지면 매체에서 라디오와 텔레비전으로, 다시 인터넷과 개인 미디어로 발전했으며, 매체가 변화되면서 고정 모델로 천하를 차지하던 방식은 더 이상 큰 효과를 발휘하지 못하고, 나는 말할 테니 너는 들어라 식의 일방적인 홍보 방식도 대중에게 설득력을 잃었으며, 기계적으로 끼워 넣는 광고 역시 효과가 줄었다. 마케팅 방식은 더 개성화되고 더 친화력 있으며 더 수요에 부합하는 시대로 진입했다.

웨이보와 위챗의 마케팅 효과를 비교해보면, 웨이보는 대중에게 강연을 하는 무대와 비슷하여 브랜드 홍보에 더 적합하고, 위챗은 친구 3~5명이 차를 마시며 수다를 떠는 것에 가까워 깊이 있는 전파와 상호작용의 효과가 더 좋다.

추산에 따르면, 위챗 사용자 5천만 명당 활성사용자가 2천만 명이고 이 가운데 25~35세 사용자가 절반이 넘으며 대다수가 직장인으로 주로 1선 대도시에 거주하고 있는 것으로 나타났다. 이 사용자 집단은 구매력이 강한 소비군이기 때문에 각 판매자는 전력을 다해 위챗 사용자

---

11 朋友圈. 위챗의 소셜 네트워크 기능으로 사용자의 근황을 사진과 글로 알릴 수 있다. '카카오스토리'와 비슷하다.

를 잡으려 하고 있다.

각 판매자가 만들어낸 위챗 전용 마케팅 전략을 제외하고, 최근 소식에 따르면 텐센트도 '기능성'이 강한 위챗의 공식(公衆)플랫폼을 지원할 예정이라고 한다. 예를 들어 항공사의 연착 정보 조회, 병원 접수 등 서비스류의 공식계정은 위챗 사용에 새로운 장을 열어줄 것이다.

관련 링크 위챗을 기반으로 개발된 10대 인기 앱

위챗이 이미 생태계를 형성했다는 것은 더 이상 비밀이 아니다. 이 생태계에서 어떻게 돈을 벌고 동시에 텐센트에 의한 '마이크로 이노베이션(微創新)'을 피하는 방법을 찾느냐가 수많은 창업자들이 노력해야 할 방향이다.

10. 웨이칭(微擎): 위챗 창업자의 비즈니스 모델을 시동하는 엔진

실용성 지수: ★★★

잠재력 지수: ★★

웨이칭은 말 그대로 위챗 엔진이라는 뜻이다. 일반 사용자는 평생 이 기업용 앱을 들어보지 못할 수도 있다. 인터넷 변두리인 쑤저우(宿州)시에 위치한 과학기술회사가 만든 앱이지만 성능은 전혀 뒤떨어지지 않는다. 이 회사 창업 멤버들은 위챗 앱 개발 시장의 잠재력을 일찍부터 알아보고 개발자들의 어려움을 줄여주기 위해 위챗 개발 소재와 원형(原型) 플랫폼을 만들었다. 사용자들은 이곳에서 개발 양식과 문서를 무료로 다운받을 수 있다. 이 앱은 자동차 엔진처럼 수많은 위챗 창업자의 비즈니스 모델이 전진하도록 끌어준다.

그러나 이 제품을 사용하는 개발자 고객이 적어 아직까지도 이 제품의 수익 모델이 무엇인지 알 수 없다는 것이 단점이다. 텐센트가 외부 개발 지원을 강화하면서 더 많은 소재와 양식을 제공할 것이기 때문에 이 회사가 출구를 마련했는지도 의문이다. 위챗 상품 대리 또는 기술 인력 교육이 하나의 출구가 될 것이다.

9. 웨이몹(Weimob, 微盟): '가장 단순한' 형태의 위챗 마케팅

실용성 지수: ★★★

잠재력 지수: ★★★

비슷한 상품: 원다톈샤(聞達天下), 웨이콰이처(微快車), 덴덴웨이신(點點微信)

위챗은 모바일 인터넷 시대의 첫 번째 승선표라는 것을 누구나 알고 있다. 이런 상황에서 서민 창업자든 성숙한 창업 기업이든 어떻게 하면 위챗 창업이라는 큰 배에 올라탈 수 있을까 고민한다. 그러나 모든 기업이 인터넷 DNA를 가진 것은 아니다. 특히 누구나 인터넷 제품 개발력을 갖고 있지는 않다. 그리고 독자 개발한 제품으로 인터넷에 접근하는 비용도 만만치 않다.

하지만 웨이몹 등이 기회를 먼저 보고 플랫폼을 출시했다. 사용자는 지정된 절차를 따라 하면 통일된 규격(스킨은 바꿀 수 있다.)의 웨이사이트(微網站)를 생성할 수 있다. 그리고 자신의 백오피스에서 준비한 이벤트, 팬에게 발행 또는 회원카드를 판매하여 푸시 등을 한다. 이미 여러 기업에 서비스했기 때문에 웨이몹의 위챗 마케팅 플랫폼은 기업에게 맞춤형 O2O 솔루션을 제공할 수 있다.

이런 플랫폼은 비전이 있다. 그러나 이런 플랫폼의 위챗 마케팅 툴을 사용한다고 해서 위챗 마케팅을 다 사용했다고 볼 수는 없다. 또한 이 툴을 사용하면 기업이 별도의 인력을 채용해야 하기 때문에 비용이 너무 높다. 따라서 이런 플랫폼의 최종 수익점은 교육, 기술 지원 및 노무 서비스(위챗 위탁 관리)일 것이다.

8. 챗 헬퍼(Chat Helper, 微信聊天助手): 더 이상 채팅이 외롭지 않다.

실용성 지수: ★★

잠재력 지수: ★★★

비슷한 상품: 위챗 자체, 슈퍼채팅도우미(超級聊天助手), 와라채팅도우미(哦拉聊天助手), 표정모음(表情合集)

한때 라인(Line)을 비웃으며 모바일 SNS 앱이 다양한 채팅 스티커를 기반으로 하는 것은 발전 가능성이 적다고 했던 사람들이 있다. 그러나 현실은 달랐다. 모바일 채팅 툴에서 다양하고 개성 있는 스티커에 대한 강력한 수요가 있었고 기업도 여기에서 새로운 비즈니스 모델을 파생시켰다. 앱 개발자들도 이 기회를 놓치지 않았다.

위챗이 내놓은 유료 스티커에 비해 제3자 개발자가 개발한 위챗 채팅 툴이 제공하는 다양한 채팅 서비스가 더 경쟁력을 갖게 되었다.

예를 들어 이 앱은 문자, 사진, 음성 검색 엔진을 결합한 모바일 채팅 보조 시스템으로 실시간 핫 키워드가 24시간 자동으로 업데이트된다. 현재 위챗 오픈 플랫폼, 텐센트 웨이보, 신랑(新浪) 웨이보, 휴대전화 문자메시지, 모바일 이메일은 물론 다른 휴대전화의 문자틀도 지원한다.

그러나 이런 제품은 대중화되기 어렵고 텐센트의 위챗이 점점 '무거워'지고 있다는 것을 고려하면, 독특한 스타일을 지닌 새로운 기능은 차세대 위챗에 편입될 것으로 보인다. 따라서 이 팀은 앞으로 벤처캐피털을 유치해 개방성이 더 높은 다른 플랫폼에서 창업의 길을 계속 갈 것으로 보인다.

7. 웨이파이(微拍): 모바일 인터넷에서 자신의 아름다움을 발견한다.

실용성 지수: ★★

잠재력 지수: ★★★

웨이파이는 커뮤니티지만 위챗 생태계의 촉진 작용 덕분에 발전할 수 있었다고 할 수 있다. 휴대전화는 셀프 카메라 수요를 해결했고 위챗은 전파 기능을 해결했다. 그러나 모든 사진을 대화창과 친구 그룹에 올릴 수 있는 것은 아니다. 특히 여성 사용자는 자기 사진을 올리는 것에 매우 신중하다. 이 때문에 웨이파이가 생겼다. 웨이파이는 독자적인 화이트닝 피부 보정 효과로 여성 사용자들에게 큰 사랑을 받고 있다. 사용자는 버튼 하나로 포토샵 동영상을 찍고 위챗, 웨이보 등 SNS에 공유할 수 있다. 이 앱이 SNS 속성을 지닌 커뮤니티가 될 수 있었던 이유는 첫째 그동안 축적된 사진과 동영상 덕분이다. 미녀가 있는 곳에는 반드시 남성이 있기 마련이기 때문이다. 둘째 웨이파이도 근처에 있는 사람들과 채팅할 수 있고 기능은 모모(陌陌)와 같다.

그러나 이 제품의 성공과 한계는 모두 같은 이유 때문이다. 첫째 모모, 미랴오(米聊)처럼 통신 시장에 직접 도전하지 않았기 때문에 규모를 확대하기가 어렵다. 둘째 현재 웨이파이는 사진을 기반으로 한 SNS로 세분화된 시장에서 한자리를 차지할 수 있었지만, 많은 앱이 빠르게 발전하고 또한 빠르게 쇠락하는 상황을 고려한다면 이

포토샵 기능이 충분한 요새가 되어주고 이 커뮤니티가 '포토샵'이라는 패를 다 쓴 다음에도 강호에 이름을 남길 수 있을지 의문이 든다.

그러나 웨이파이는 기회가 적지 않다. 우선 웨이파이는 앞으로 특수한 촬영 교육을 진행해 기관들의 휴대전화 촬영을 도울 수 있다. 또는 모바일 인터넷 시대의 인물 촬영 솔루션에 집중하면 많은 기회가 있을 것이다. 둘째, 대담하게 해외 시장에 눈을 돌릴 수 있다. 화이트닝 포토샵 보정이 여전히 뛰어나다면 일본 시장을 고려할 수도 있다. 일본 여성은 하얀 피부를 선호하는 경향이 있으니 이 기능으로 해외 협력을 모색할 수 있을 것이다.

6. 웨이다처(微打車): 위챗을 통해 택시를 호출하는 독립적인 택시 앱

　실용성 지수: ★★★

　잠재력 지수: ★

의심의 여지 없이 택시 시장의 잠재력은 매우 크다. 택시 예약 상품은 택시 예약 서비스를 기반으로 수많은 사용자와 현금 흐름을 얻을 수 있고, 동시에 사용자의 생활 데이터를 파악할 수 있으며, 데이터를 기반으로 한 2차 개발이 가능하다. 웨이다처 앱의 최초의 발단은 위챗으로 창업자 팀은 위챗의 공식계정 인터페이스를 기반으로 제3자 개발을 했다. 사용자는 별도의 앱을 다운받지 않고 이 플랫폼에서 택시를 호출할 수 있어 시간과 데이터 사용량을 절약할 수 있다. 택시 호출 과정과 모델은 디디다처와 비슷하다. 웨이다처 팀은 현재 위챗 생태계 밖에서 독자적인 앱 제품을 내놓았고 상하이와 베이징 등지에서 발전을 모색하고 있다.

하지만 이 제품이 직면한 외부환경은 매우 열악하다. 택시 앱의 양대 산맥인 디디다처와 콰이디다처의 대전을 고려하면 이 앱의 전망은 심히 걱정스럽다.

그러나 이 제품에게도 기회는 있다. 첫째, 자신을 새롭게 포지셔닝한다. 디디다처와 콰이디다처가 주의를 기울이지 않거나 고려하지 않는 세분화된 시장으로 전환하는 것이다. 어린이, 노인에게 특화된 택시 서비스를 제공하거나 장거리 렌터카, 고급 회의 영접 및 배웅 솔루션 등 분야에서 전문적인 서비스를 제공한다. 둘째 인수합병을 모색하는 방안이 있다.

5. 위챗월(wechat wall, 微信牆): 우리를 소통하게 한다.

실용성 지수: ★★★★

잠재력 지수: ★★

이용 장소: 정상 회담, 활동, 결혼식 현장

비슷한 기업: 쩌우니다핑무(走你大屏幕)

회의에 많이 참석해본 사람이라면 회의 현장에서 웨이보를 보여주는 전용 스크린을 설치하고 회의장 내외에 있는 참석자들의 의견을 보여주면서 소통에 참여하도록 하는 것을 종종 보았을 것이다. 위챗 시대로 접어들면서 사람들은 현장에 있는 위챗 그룹에서 소통하고 대형 모니터를 통해 실시간으로 전달하는 경우가 많다. 31 후이이왕(31會議網)이라는 팀이 오픈형 제3자 자원으로 위챗월이라는 앱을 개발해 이 문제를 잘 해결했다. 이 앱에는 추첨, 회전판, 즉석 복권 등 기능이 더해져 제품 내 상호작용성(이런 기능이 없었다면 사용자는 촬영기를 자기 컴퓨터에 연결하여 컴퓨터에서 실행되고 있는 위챗 페이지를 띄우는 방식으로 이 앱을 대체할 수 있다.)을 강화했다.

4. 친유전화번호부(群友通訊錄): 그룹 친구 사귀기

실용성 지수: ★★★★★

잠재력 지수: ★★

비슷한 상품: 카부전화번호부(卡布通訊錄)

친유전화번호부가 유행한 것은 위챗 그룹이 발전했기 때문이다. 사람들은 자신의 필요에 따라 위챗 그룹을 만들고 가입한다. 그러나 그룹 내 친구들과 오랫동안 채팅했어도 상대의 진짜 정보를 잘 모르는 경우가 있다. 이럴 때 친유전화번호부가 필요하다. 사용자는 '친유전화번호부' 앱을 깔거나 위챗 공식계정에서 활성화시킨 다음 그룹을 만들고 친구를 초대해 자신의 정보를 공개하도록 하여 개인정보를 교환할 수 있다.

이 제품은 매우 실용적이지만 전망은 불투명하다. 우선 전화번호부는 전형적인 유입 채널로 텐센트 같은 대기업이 이렇게 가치 있는 유입 채널을 친유통신록 개발팀에게 쉽게 줄까 하는 것이다. 둘째, 텐센트는 정보 불투명 문제를 쉽게 해결할 수 있다.

저작물 사전 이용 허락표시인 크리에이티브 커먼즈(Creative Commons)를 통해 사용자에게 권한을 위임받은 다음 모바일의 연락처와 위챗 대화상대에 직접 연결시키면 된다. 그러나 취유전화번호부는 이벤트 만들기 기능이 있어 이것이 투자자에게 더 큰 상상의 공간을 주기에 충분하다는 것이 주목할 만한 점이다.

3. 후둥바(互動吧): 위챗에 있는 이벤트 애그리게이터(Aggregator)

실용성 지수: ★★★★★

잠재력 지수: ★★★

비슷한 상품: 췬유통신록

위챗은 아는 사람들 간의 소셜 네트워크 제품으로 사람들은 위챗을 통해 이벤트 수요를 보인다. 이런 수요에 부합하고자 탄생한 제품이 후둥바로 이것을 통해 위챗, QQ, 웨이보 등 SNS 플랫폼에서 버튼 하나로 투표, 이벤트, 서명, 글, 사람이나 물건 찾기, Q&A, 중고 매매, 부동산 임대, 구인구직 등 정보를 쉽게 교환할 수 있고, 다양한 플랫폼을 통일적으로 관리할 수 있으며, 이벤트에 참여한 사용자 정보를 회수할 수 있다.

둘째, 더 주목할 만한 것은 이 앱의 결제 기능이다. 이 앱은 결제 영업허가증은 없지만(영업허가증을 취득하면 소셜 금융을 할 수 있다.) 결제하는 비용과 자금 흐름의 방향을 제어할 수 있다. 거래와 가까운 제품은 평가 가치가 늘 높기 마련이다.

2. 웨이밍(微名, Wmcard): 개성 있는 명함 만들기

실용성 지수: ★★

잠재력 지수: ★★★★

비슷한 상품: 징웨이명함(經緯名片)

메이퇀(美團) 등이 사용자가 해당 앱에서 혜택이 더 많은 외식 상품을 구매하도록 하는 것에 주력한다면, 웨이밍은 사용자의 업종과 신분에 더 집중함으로써 정확한 비즈니스 친구를 찾게 해준다. 그리고 친구 그룹을 통해 사용자와 사용자 간의 상호작용을 경험하도록 한다. 예를 들어, A 지역의 모 신발공장 사장이 B 지역의 신발 대리점을 찾고 싶다면 웨이밍의 찾기 기능을 통해 B 지역의 신발 가게나 신발 도매상

사장을 찾아 친한 친구에 추가하고 연락할 수 있다. 또한 웨이밍에서 B 지역 식당에 예약을 하면 할인 혜택을 받을 수 있다. 엄밀하게 말해 사용자는 웨이밍이 정확하고 쌍방향성 소통을 할 수 있는 고객 자료를 제공하느냐를 더 중요하게 여기고, 상대와 비즈니스 협력을 할 수 있는지, 최종적으로 고객에게 개성 있는 상호작용의 체험을 제공할 수 있는지를 더 중요하게 생각한다. 현재로서는 잠재력이 크다. 이런 제품의 미래는 인터넷화가 아니라 스마트화이다.

1. 웨이거우우상청(微購物商城, www.vxinmall.net): 본격 SNS 상인의 시대

실용성 지수: ★★★

잠재력 지수: ★★★★

비슷한 상품: 커우다이퉁(口袋通)

위챗에서 어떻게 물건을 팔 것인가에 대한 문제는 사람들을 사로잡았다. 창업자가 가진 수많은 팬과 호소력은 현금화될 수 없다. 위챗이 전자상거래에 적합하지 않은 이유로는 다음의 몇 가지를 들 수 있다.

첫째, 위챗의 폐쇄성 때문에 거래의 결제 단계가 순조롭게 진행되지 않는다. 결제 툴과 결제 기능이 생겼지만 일반 창업자들이 사용하기에는 적합하지 않았고, 이런 생태계는 결국 텐센트만의 것이었다.

둘째, 위챗은 모멘트의 제한이 많아 제품을 보여줄 수 있는 공간이 제한적이다. 도배글이 부끄러운 시대에 자칫 잘못했다가는 친구 그룹에서 차단될 수 있다.

그러나 위챗의 친구 관계는 매우 긴밀하기 때문에 창업자는 특정인들을 상대로 한 마케팅을 포기할 수 없다. 따라서 위챗에서 어떻게 전자상거래를 하느냐가 많은 창업자가 고민하는 부분이다.

위챗의
모바일 SNS 제국

마윈의 "위챗과의 인연이 다했다. 3일 뒤부터는 라이왕으로 나를 찾아달라."는 말 속에 담긴 패기는 항우가 배수의 진을 친 것 같은 인상을 준다. 이후 알리바바 내부에서 라이왕을 강력하게 지원한다는 소식이 들렸고, 타오바오가 내놓은 타오바오 쇼장인 타오뉘랑(淘女郎)의 10만 사용자에게 라이왕 입주를 권했다는 등 여러 차례 '우여곡절'이 있었다. 하지만 라이왕의 소식은 조금씩 줄었고 곧 자취를 감췄다. 위챗과 차별화 전략으로 경쟁하겠다고 한 이신(易信)과는 달리 알리바바는 위챗과의 정면 승부를 선택했지만 결과는 아쉽게도 참패였다. 위챗이 구축한 강력한 모바일 소셜 네트워크 제국 앞에서 외부의 모든 도전은 비루해 보였다. 위챗은 그래도 위챗이었고 도전자의 소리는 거의 들리지 않았다.

'근사해' 보이는 모바일 SNS 시장

2013년 모바일 SNS 시장은 브라우저, 검색 엔진, 게임, 전자상거래 등 모바일 인터넷 제품 가운데 변수가 가장 많았다. 우선 모모, 파파(啪啪), 위젠(遇見)이 있었고, 이후에는 이신, 라이왕이 있었으며, 최근에는 징둥의 둥둥(咚咚)이 PC버전을 출시했지만 야심은 모바일에 있을 것이다. 구체적으로 어떻게 포지셔닝했는지는 해당 제품의 구체적인 포지션을 살펴봐야 한다.

최신 데이터에 따르면, 위챗의 사용자 수는 6억에 달하며 이 수치는 계속 늘어나는 추세다. 그러나 위챗에 도전하겠다며 떠들썩하게 등장한 도전자들은 감감무소식으로 어쩌면 이미 '죽었을지도' 모를 일이다.

모바일 SNS는 '먹음직스러운 파이'처럼 보여 인터넷 강자, 소형 스타트업은 물론 개인 개발자까지 몰려들어 '한 조각' 챙기려고 한다. 모바일 인터넷은 전반적으로 새롭게 보여 인터넷 기업들에게 이익이 큰 시장이라는 희망을 주었다. 위챗이 모바일 SNS 시장을 거의 장악했지만 '황하에 도착하기 전에는 절대 포기하지 않겠다'는 사람들이 많다.

자기의 포지션을 찾아라

강력한 위챗 제국에 맞서 성공한 사람은 없을까? 있다. 그러나 성공이라고 하기에는 부족하다. 두 곳 모두 우회를 선택했기 때문이다. 하나는 제국의 눈부신 광채가 뒷받침되었고 다른 하나는 작은 지역에서 우회한 것이며, 어떤 것은 잠복해 있다가 터졌지만 위챗 제국과 정면 대결을 펼친 곳은 하나도 없었고 제품 속성과 포지션에서 차이가 컸다. 그러나 그래도 이들 제품이 놀라운 이유는 각자의 포지션을 찾았기 때문이다.

모모와 바이두 톄바(百度貼吧)는 도전자 중에서도 특이한 케이스다. 모모는 처음 '원나잇 스탠드'라는 이름으로 시장에 입성해 단기간 안에 사용자의 눈길을 끌었다. 사용자의 사용 목적이 '원나잇 스탠드'로 뚜렷했기 때문에 이 점에서 위챗의 포지션을 피했다. 위챗의 포지션은 일반적인 SNS이기 때문에 이것을 피하기 위해 모모는 혈로를 뚫은 것이다. 모모에게 '원나잇 스탠드'라는 꼬리표를 떼어버리려고 한 적이 있지만 실제로 이 제품의 안티 치트 문제는 상품의 포지션과 전혀 상관이 없다.

최근 바이두 톄바는 사용자 수가 2억 명을 돌파했다고 발표했다. 이것은 사용자 수에서 다른 모바일 SNS 앱을 크게 앞선 수치다. 바이두 톄바는 사용자 반응에 발맞춰 PC에서 모바일로 사업의 중심을 이동하면서 시장에서 대대적인 보급을 거의 하지 않고 PC 버전과 모바일 버전을 차별화했다. 예를 들어 바이두 출석부의 경우, 모바일이 PC 기능보다 4배 많다거나 그룹 기능 출시 등이다. 시장에서 진화하는 과정에서 바이두는 톄바의 모바일 사용자 수가 2억을 돌파했다고 발표했다. 위챗 외에 누가 사용자 수 2억에 맞설 수 있겠는가?

위챗의 제국 지위 다지기

모모와 바이두 톄바는 자신만의 전술로 시장에서 한자리를 차지했다. 위챗에게 큰 영향을 주지는 않겠지만 그래도 이런 '소규모'는 신경이 쓰이게 마련이다.

위챗은 모바일 SNS 제국의 지위를 보다 확고하게 하기 위해 커뮤니티 앱인 웨이서취(微社區)와 동영상 SNS인 웨이스(微視) 등 부대 상품을 내놓고 위챗에 다양한 매개체를 만들어 위챗에 대한 사용자의 밀착성을 더 높였다. 즉 위챗에 거의 모든 앱 기능이 있어 여러 앱을 전환할 필요가 없는 것이다. 다른 모바일 SNS 제품은 이 점을 따라잡을 수가 없다.

매개체에서 제품의 다양한 기능, 그리고 사용자까지, 제국의 지위를 확고하게 다지고 있는 위챗에 대항할 모바일 SNS 제품은 없다. 바이두 톄바든 모모든 모두 매개체나 다양한 기능 면에서 위챗과 비교할 수 없고, 때문에 그저 한 가지 부분에 중점을 두어 위챗과의 경쟁을 피할 수밖에 없다. 위챗에게 이런 사용자는 아프지도 가렵지도 않은 소수에 불과하다.

물론 제국의 지위를 계속 다져나가야 하기 때문에 최근 텐센트는 혁신적이고 놀라운 제품을 내놓은 것이다.

위챗 제국의 확장 전략

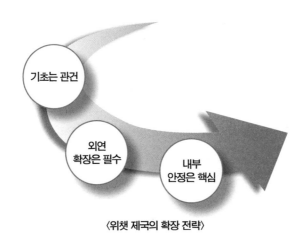

〈위챗 제국의 확장 전략〉

전략 1: 기초는 관건이다.

장샤오룽(張小龍) 텐센트 부총재는 위챗 제품들을 안정적이고 신뢰할 수 있게 만들어 안전한 서비스를 제공하는 것이 우리의 임무라고 늘 말해왔다. 외부에서는 이것을 장샤오룽 부총재가 기업 내 정치에 대응하기 위해 일부러 저자세 전략을 취하는 것이라고 평가했다.

사실 위챗 사용자가 3억 명을 넘어서면서 데이터량이 폭발적으로 증가해 연일 최고치를 경신하자 사용자들은 인터넷 접속 불안정, 음성과 사진 정보 유실, 전력 사용량 증가 등의 문제를 느꼈다.

이것은 모두 치명적인 위협으로 위챗 연구개발팀이 기술, 제품, 운영을 더 중요시하고 더 많은 투자를 하도록 만들었다. 위챗 제국 초기 건설 단계에서는 인프라 건설에 집중하는 것이 왕도다.

이런 의미에서 봤을 때, 장샤오룽 부총재의 말은 빈말이 아니다. 중국, 더 나아가 전 세계 모바일 인터넷 발전 역사를 살펴보면, 비슷한 문제를 처리한 경험이나 참고할 만한 사례가 적다. 이제 이것은 마이크로 이노베이션 단계가 아니고 어떤 경험이 멋있는가 눈에 띄는가의 문제는 더더욱 아니며, 가능한가와 통하는가라는 생사의 문제로 자만하지 말고 조심스럽게 대응해야 한다.

전략 2: 외연 확장은 필수다.

다양한 글에서 이미 여러 차례 지적했듯이 모바일 인터넷 세계는 위챗과 비(非)위챗 2개의 진영으로 나뉠 것이다. 현재 거의 모든 신구 세력이 위챗으로 빠르게 이동해 위챗에게 행복한 고민을 안겨주었다. 조금만 부주의하면 '건국 대업'의 과정에 있는 위챗 제국이 성공을 눈앞에 두고 실패할 수 있기 때문이다.

차이나모바일(China Mobile)과 차이나유니콤(China Unicom)의 고위급 관리자가 꽃이 떨어지는 것은 어쩔 수 없다고 공개적으로 말한 것과 최근 마화텅의 침착한 대응에서 볼 때 위챗의 '외연 확장'의 걱정은 기본적으로 해결된 것으로 보인다. 운영업체 영업허가증 획득 여부에 관계 없이 앞으로 위챗은 시장경제 법칙 속에서 체제 내의 상대들과 안심하고 경합을 벌일 것이다.

위의 좋은 소식과는 반대로 바이두, 알리바바, 신랑 웨이보, 인터넷 보안 업체인 360, SNS인 런런(人人), 모모, 미랴오(米聊) 등 기업이나 제품은 '비위챗' 진영에 편입되는 것을 반기지 않는다. 그들은 위챗에 대항할 수단과 방법을 계속 모색하고 있으며 합종연횡 소식이 여기저기서 들려오고 있다.

전략 3: 내부 안정은 핵심이다.

텐센트는 PC의 오픈 플랫폼에서 Q존이 작은 성과를 거둔 것을 제외하고 파이파이왕, 소소(Soso, 搜搜), 펑유왕(朋友網), Q플러스 등은 실제보다 높게 평가되었다. '혁명이 아직 성공하지 않았으니 동지들이여 계속 노력하라.'는 말로 이들 부서를 독려하고 싶다면 옆 부서인 인터랙티브 엔터테인먼트 부서가 자신의 데이터 치마 한 자락만 들춰도 모두가 놀라 자빠질 수 있도록 해야 한다. 다른 대형 인터넷 기업과 마찬가지로 텐센트 내부 부서간 자원 쟁탈도 더 이상 비밀이 아니다.

현재로서는 PC에서의 모습이 모바일에서도 반복되는 것처럼 보인다. 사실 이익 쟁탈전보다 이 때문에 위챗 제국 모바일 인터넷 통일이 영향을 받는 것이 더 큰 문제다.

앱 오픈 플랫폼이 위챗 생태계를 건설하게 해준다면, 데이터 오픈 플랫폼은 위챗과 전 세계 모바일 제품이 공동으로 생태계를 건설할 수 있도록 한다. 후자가 공간의 깊이와 넓이가 더 크다.

장샤오룽 부총재의 첫 번째 임무는 인프라이다. 양대 오픈 플랫폼 건설에 돌다리도 두들겨보고 가듯이 신중하게 실험하는 전략을 취했다. 그러나 텐센트의 다른 부서들은 생각이 다르다. 그들은 비즈니스 모델 탐색이라는 명목으로 참여하고 있는 것이다. 이런 상황에서 장샤오룽 부총재의 마지노선은 무엇일까? 방향키를 잡고 있는 마화텅은 또한 어떻게 균형을 잡을까?

예를 들어 게임 서비스는 데이터 오픈 플랫폼을 통해 위챗에 접근하기 가장 적합하고 위챗을 비용 중심에서 수익 중심으로 바꿔줄 가능성이 제일 크기 때문에, 위챗 부서가 주도적으로 개방하든 인터랙티브 엔터테인먼트 부서가 주도해 자체 사용하든 작은 움직임으로도 전체를 알 수 있다.

위챗 제국을 어떻게 넘어설 것인가

위챗이 구축한 모바일 SNS 제국을 어떻게 돌파할 것인가? 제품 측면에서 보면 위챗은 모바일 제품을 다 커버할 수 없고 게다가 커버량이 많을수록 무거워지며, 텐센트의 다른 모바일 제품과도 경쟁이 형성된다. 예를 들어 모바일 QQ가 그렇다. 모바일 SNS 제품의 경우 자신의 제품 특색, 가령 바이두 톄바처럼 자신의 제품 방향에 맞게 출시해야 할 것이다. 위챗과 정면 경쟁하면 승산이 없다.

위챗 제국 하에서 모바일 SNS 제품 개발은 비밀리에 진행되어야 한다. 펑다후이(馮大輝) 딩샹위안(丁香園)기술 책임자는 신랑 웨이보에서 신랑 웨이보가 위챗 공유 기능을 회복했으니 샤미(蝦米)뮤직도 위챗 공유 기능을 하루빨리 회복하길 바라며 역사의 조류를 역행하지 말라고 말했다. '위대한 지도자'가 우리에게 라이왕에만 공유하면 미래가 없다고 가르쳐준 것이다.

모바일 SNS의 기본 기능이 된 위챗에 정면 도전해서 위챗을 쓰러뜨

릴 가능성은 거의 없다. 하지만 테바, 모모 등과 비슷한 제품은 그래도 가능성이 있다. 현재 시장에는 사용자 수백만을 보유한 중소형 개발자들의 모바일 SNS 제품이 많다. 제국을 무너뜨릴 수는 없지만 자기 회사만의 제품이라면 그래도 괜찮은 모바일 SNS 툴이다.

관련 링크 위챗, 양회 소식을 더 빠르고 편리하게 전달하다

최근 몇 년 사이 양회[12]에서 새로운 과학기술이 많이 등장했다. 2014년 양회에서 위챗은 언론과 대표 위원 곳곳에서 활약하며 회의에 개방성을 더했다. 이것은 여러 해 동안 전국 양회에 참석한 기자들에게 신선한 인상을 남겼다.

회의 일정과 각 단체와 업계 토론의 공개 여부를 확인하고 싶다면 간단하다. 몇 년 전부터 기자들은 더 이상 회의일정 수첩에 의존하지 않고 양회 공식 사이트에서 정보를 조회하기 시작했다. 2014년은 더 간편해졌다. 양회 뉴스팀은 위챗에 공식계정을 열어, 기자들이 휴대전화에서 양회를 클릭만 하면 최신 정보를 알 수 있게 했다.

위챗은 기자 간의 연락도 더 편리하게 만들었다. 많은 언론 매체가 회의에 참석하는 기자들을 위해 위챗 그룹을 설정해 누가 어떤 기관에서 회의를 듣는지 빠르게 알 수 있게 했다. 예전에는 새로운 소식을 전하기 위해 전화를 걸거나 문자를 보냈다면 지금은 그룹 채팅창에 한 줄만 보내면 된다. 현장에서 휴대전화로 찍은 사진도 직접 그룹으로 전송하면 에디터가 받아 빠르게 업로드한다. 또한 기자 한 명이 동시에 여러 언론매체의 그룹 친구가 있어 정보 출처가 다양해졌다.

위챗을 사용하는 대표 위원의 수도 늘고 있다. 필자의 모멘트에도 대표 위원 몇 명이 있고 일부 인터뷰 실마리도 이 속에서 나왔다. 그래서 위챗 모멘트에서 기자는 3월 5일 리커창(李克强) 총리가 정부 업무 보고를 하는 날 오후 1시쯤 민진 계열의 스제(施杰) 정협 위원이 10개의 위챗을 올려 느낌을 전한 것을 볼 수 있었다. 그 빠르기가 방송 스튜디오의 패널에 뒤지지 않았다.

블로그에서 웨이보까지, 그리고 다시 위챗까지, 국민의 다양한 목소리가 이런 방식

---

12 兩會, 전국인민대표대회와 전국인민정치협상회의.

으로 인민대회당으로 들어가고 있다. 양회와 국민 사이의 거리는 점점 가까워지고 있으며 대표 위원과 민심의 만남도 점점 더 긴밀해지고 있다. 점점 더 개방되고 점점 더 자신감 넘치는 중국은 이렇게 양회라는 창구를 통해 세상 사람들에게 자신을 충분하게 드러내고 있다.

제3장

텐센트 전자상거래 제국, 어디로 갈 것인가

"전자상거래는 2015년 400억 규모로 발전할 것이다. 이 규모는 큰 편이 아니다. 시장 규모가 2배, 더 나아가 3~4배 성장해 인터넷의 최대 수입원 중 하나가 될 것이다." 마화텅 텐센트 CEO는 선전시에서 열린 공개 연설에서 이렇게 말했다. 이로써 텐센트의 전자상거래 입성이 가시화되었다.

텐센트의
전자상거래 구도

텐센트도 전자상거래가 있다

언론 보도, 텐센트 임원층 대화, 재무보고 등 공개 자료를 종합해 보면 텐센트 전자상거래의 윤곽을 그려볼 수 있다.

텐센트 전자상거래 구도(imeifu.com)				
분야	플랫폼	자기 주식	투자	비고
C2C	파이파이왕			중국 2대 C2C 전자상거래 플랫폼
B2C	QQ상청(商城)			'타오바오상청'과 유사
	커란다이아몬드 (珂蘭鑽石, KELA)			다이아몬드류 수직 B2C
	하오러마이(好樂買, OkBuy)			신발류 수직 B2C 플랫폼
	이룽왕(藝龍網)			여행 OTA
	퉁청왕(同程網)			여행 OTA
	이쉰왕			컴퓨터, 커뮤니케이션, 커스터머 일렉트로닉의 3C류 수직 B2C
	광저우 마마왕 (廣州媽媽網)			현지화된 여성의 임신, 출산, 육아 커뮤니티
	QQ판리(QQ返利)			인터넷 구매 시 현금을 되돌려주는 사이트
공동구매	QQ퇀거우 (QQ團購)			공동구매 내비게이션, '퇀800(團800)'과 유사
	소소퇀거우 (搜搜團購)			검색 엔진에서 내놓은 공동구매 내비게이션 채널, '바이두 퇀거우(百度團購)'와 유사
	파이파이퇀거우 (拍拍團購)			플랫폼의 C 또는 B가 제공한 공동구매로 타오바오 쥐화솬(聚劃算)과 유사
	QQ상청퇀거우 (QQ商城團購)			
	F퇀(F團)			생활 소비재류 공동구매 사이트
	가오펑(高朋)			미국 그루폰과의 협력 사이트
결제	텐페이			제3자 온라인 결제 시스템

텐센트 전자상거래는 후발주자지만 날기 위한 '날개는 풍부'하다. 텐센트는 C2C(파이파이왕)부터 시작해 이후 '매장을 파는' B2C플랫폼인 QQ상청과 제3자 결제인 텐페이를 시작했고, 2010년 공동구매와 커뮤니티 전자상거래 분야로 진출했다. 현재까지 텐센트는 가능성이 있는 전자상거래 전 분야에 모두 포석을 깔아놓았다.

전자상거래에 10억 달러를 투자한 이유

텐센트는 왜 전자상거래 분야에 막대한 자금을 쏟아붓는 것일까? 일단 2012년 1분기 텐센트의 재무보고서를 보면 전자상거래가 텐센트 전체의 발목을 잡았다는 것을 알 수 있다. 텐센트가 전자상거래 사업을 분리하지 않으면 앞으로 전자상거래에 투자되는 막대한 자금은 텐센트 재무제표에 부담을 줄 것이다.

다른 한편으로 통합의 수요 때문이다. 텐센트는 이쉰왕, 커란다이 아몬드, 하오러마이, F퇀, 가오밍, 이룽왕, 퉁청왕 등 전자상거래 기업에 투자했다. 여기에 자체 운영하는 QQ왕거우, 파이파이왕을 더하면 텐센트의 전자상거래 라인업은 매우 방대하다. 그러나 텐센트가 투자한, 특히 지분을 투자한 전자상거래 사이트는 대부분 제각각 운영되어 통일된 구도를 이루지 못했다. 이번에 텐센트가 전자상거래 사업을 독립시키는 것은 제각각이었던 전자상거래를 통합하려는 의도이다.

천서우쑹(陳壽送) 〈애널리시스 인터내셔널〉 애널리스트는 텐센트의 전자상거래는 역사가 남겨준 문제가 비교적 많다며 사업 모델이 제각각 발전했고 사업끼리 서로 자원을 쟁탈하고 있다고 지적했다. 통합

후 텐센트의 전자상거래는 포지션과 자원 투입에 더 집중할 것이고 이것은 앞으로 플랫폼급 시장 경쟁에 유리하게 작용할 것이다.

우샤오광(吳宵光) 텐센트 전자상거래지주회사 신임 CEO는 텐센트 전자상거래지주회사는 이번 투자의 대부분을 판매자 부분에서 플랫폼 부분까지의 서비스 경험 향상에 사용할 것이며 파이파이왕, QQ상청, 이쉰왕, 모바일 전자상거래, 생활 서비스, 디지털 배급 서비스 등 텐센트의 전자상거래 산하 업무를 통합하여 'B2C+양질의 상점 오픈 플랫폼'이라는 차세대 전자상거래 오픈 플랫폼 구도를 만들 것이라고 말했다.

물류와 창고 등이 전자상거래의 걸림돌

전자상거래 시장 경쟁이 치열한 현 상황에서 텐센트가 전자상거래를 통해 성장점을 찾을 수 있을지 여부는 더 지켜봐야 한다.

분석에 따르면, 텐센트의 '전자상거래 전략'의 핵심은 텐센트가 SNS에서 축적한 인구 보너스를 판매하는 것이다. 텐센트는 고객 흐름의 전환을 기다리는 7억 사용자가 있고 사이버 아이템 전자상거래에서 많은 경험을 축적했으며 이미 갖춰진 결제 시스템인 텐페이가 있다. 이밖에 텐센트는 막대한 현금을 쥐고 있어 공급업체나 물류업체를 언제든지 인수합병할 수 있다.

그러나 분석가들은 전자상거래 본질은 그래도 소매 사업으로 텐센트는 전자상거래 창고 물류, 백오피스 서비스 등 여러 단계에서의 투자와 경험이 여전히 부족하다고 지적했다. 텐센트는 앞으로 플랫폼의 사용자 경험 업그레이드, 물류 창고 등 전자상거래 인프라 건설, 새로운 분야의 투자 합병 등 3가지 분야에 주로 투자할 것이다.

이밖에 '텐센트가 플랫폼에 자신이 투자한 공급업체를 끼워넣는 것은 플랫폼의 공평성을 해치고 플랫폼으로서 텐센트의 매력을 감소시키는 것이 아니냐'는 주장도 있다. 이에 대해 우샤오광 CEO는 텐센트 전자상거래는 전자상거래 오픈 플랫폼을 계속 강화해 협력 파트너에게 더 나은 협력 환경을 제공할 것이며, 텐센트의 사용자 유입량 강점과 강력한 기술력을 바탕으로 사용자 유입량을 나누는 생태 시스템을 구축해 협력 파트너에게 공개적이고 공정한 발전의 플랫폼을 제공할 것이라고 말했다.

관련 링크　4대 전자상거래 업체의 경쟁 비법 해부

중국의 4대 전자상거래 업체인 타오바오 계열, 징둥상청, 쑤닝이거우(蘇寧易購), 텐센트의 핵심 경쟁력은 무엇일까?

1. 타오바오 계열

'개방된 생태 시스템을 만든다.'는 전자상거래 포진에서 마윈의 일관된 전략이었다. 2008년 내놓은 '대(大) 타오바오 전략'에서 타오바오 계열의 포지션은 전자상거래 오픈 플랫폼이며, 대 타오바오 생태 시스템 구축이라는 방향을 명시했다.

이 결정은 앞날을 내다보는 안목이 있었던 것으로 판명되었다. 2012년, 타오바오 계열은 거래 규모 1조 위안을 돌파했다. 이런 거래 규모는 거대한 산업사슬을 형성해 사회의 완벽한 분업 협력이 필요해졌다. 타오바오 백오피스의 '종업원' 몇 천 명으로는 수억에 달하는 소비자와 수백만에 달하는 판매자에게 서비스할 수 없다. 오픈 플랫폼으로 더 많은 수요와 비즈니스 기회를 창업자에게 주어야만 산업사슬 전체가 순조롭게 운영될 수 있다.

마윈의 전략에 따르면, 이 개방된 생태계에서 타오바오 계열은 '물, 전기, 연료' 등 인프라를 제공하고 응용과 서비스의 기회는 협력 파트너가 제공한다. 이렇게 방대한 규모의 사회화되고 개방된 무리 속에서도 상파이(商派, Shopex), 관이(管易)소프트웨어, 바이성(百勝)소프트웨어 같은 매출액 천만 위안이 넘고 벤처캐피털의 투자를 받은 회사가 탄생했다.

소프트웨어 서비스 외에 타오바오 계열의 전체 생태계에서 전문화된 분업 회사가 생기고 있다. 예를 들어 인터넷 상점 운영 전문, 모델 사진 촬영 전문, 더 나아가 소셜 마케팅 전문 기업이 생기고 있다. 이렇게 사용자와 판매자에게 서비스를 제공하고 수익을 얻는 회사가 많을수록 타오바오의 생태계도 발전하고, 새로운 기회가 더 쉽게 생기며, 더 많은 사용자, 판매자 또는 서비스업체가 유입되어 선순환을 이룬다. 개방을 통해 타오바오 계열의 자체 팀은 혁신형 업무에 더 많은 에너지를 쏟을 수 있다. 알리페이의 결제 서비스에서 이타오(一淘, etao.com)의 가격 비교 검색까지, 더 나아가 쥐화솬의 공동구매 서비스와 향후 무선 서비스까지, 이런 사업이 발전하면서 새로운 서비스 모델이 끊임없이 파생되어 타오바오 계열의 폐쇄적이고도 거대한 산업사슬을 형성할 것이다. 이것이야말로 타오바오 계열이 전자상거래라는 무림에서 맹주가 될 수 있었던 핵심 무기다.

〈톈마오상청 메인화면〉

2. 징둥상청

징둥은 물류 배송 시스템을 업그레이드하여 물류 분야에서 효율적인 정보 관리 시스템을 구축해 배송인력의 업무 효율을 향상시켰다. 업그레이드 후 시스템은 징둥의 자체 운영 배송지점과 소비자 자체 수령 지점의 배송 업무를 지원할 뿐 아니라 대외 물류 배송 업무도 지원한다. 배송지점에서의 화물 접수, 화물 검사와 배송직원의 화물 접수, 배송 등 '순방향' 조작이 가능해졌고, 구매자의 방문 수령, 방문 화물 반송 및 교환 등 '역방향' 물류도 가능해졌다. 이 시스템은 제3자 판매자의 역방향 방문 수령, 화물 수령 후 결제 등 서비스도 지원한다.

징둥상청은 전자상거래 업계의 '자금조달왕'이라고 할 수 있다. 류창둥(劉强東) CEO는 인터뷰에서 징둥은 창고 보관과 배송에 많은 투자를 했다고 여러 차례 강조했다. 자체 구축한 물류가 일정 규모에 도달하면 전체 비용 면에서 제3자 물류를 이용하는 것보다 낫다. 더 중요한 점은 자체 구축한 물류는 제3자 물류의 결산주기를 피할 수 있어 자금 회전 속도를 높인다.

이밖에 물류는 인터넷 쇼핑 과정에서 사용자의 '마지막 1km'로 사용자 경험의 중요한 부분이다. 물류를 자체 구축하면 사용자 경험에 최적화된 부가가치 서비스를 제공하기 쉬워진다. 예를 들어 2012년 7월, 징둥은 베이징, 상하이, 우한(武漢), 청두(成都), 광저우(廣州) 5대 도시에서 저녁 지정 배송 서비스를 출시했다. 이런 서비스는 제3자 물류를 바탕으로는 어려운 것이다.

업계 관계자에 따르면, 앞으로의 전자상거래 경쟁은 결국 물류 경쟁이 될 것이고, 전자상거래 업체가 물류를 통해 서비스 품질을 향상시키려면 많은 투자와 노력이 필요하다고 지적했다. 현재 타오바오 계열, 쑤닝이거우 모두 물류의 가치를 인식하고 물류에 힘을 쏟고 있다. 그러나 이 분야에서 징둥은 이미 앞서나가고 있다.

〈징둥상청 인터넷 사이트〉

3. 쑤닝이거우

쑤닝이거우는 가장 강점인 가전제품으로 시작했다. 가전제품은 공급사슬에 대한 요구가 높은 품목이다. 전통적인 '에어컨, 냉장고, 세탁기, 컬러 텔레비전'의 업스트림 공급업체들은 시장 경쟁을 거쳐 이미 선두 구도가 형성되었다. 이런 구도 속에서 쑤닝은 수년 동안 발전을 거듭하면서 강력한 채널을 구축했고 조달 분야에서 자신만의 우위를 형성했다.

리빈(李斌) 쑤닝이거우 CEO는 공급업체가 쑤닝 온오프라인의 다양한 채널을 사용할 수 있고, 그룹 전체에 '조달 본부'라는 개념이 있으며, 조달 비용은 같다고 말한 바 있다. 쑤닝이거우 내부 관계자에 따르면, 쑤닝이거우는 대형 가전제품 조달 비용이 경쟁 상대보다 8% 정도 낮다고 말했다.

대형가전처럼 단가가 높은 제품에서 조달 단가가 낮으면 사용자를 유입시키기가 더 쉽다. 우대가격으로 사용자를 유입시킨 다음, 가전제품에서 잡화류 쪽으로 확대시키는 것은 상대적으로 쉬운 일이다. 2012년 쑤닝이거우도 탈(脫) 가전의 노선을 걷기 시작했지만 핵심 제품군이 주는 우위가 경쟁에서 가장 강력한 무기다.

또 한 가지 주목할 점은 쑤닝이거우가 현재 온오프라인 채널 연결에 힘을 쏟고 있다는 것이다. 현재 쑤닝은 가전제품 매장 1,400개, 배송센터 94개, A/S센터 4,000개가 있다. 이런 네트워크를 구축하려면 막대한 시간이 필요하다. 이것이 바로 쑤닝이 수년 동안 축적한 오프라인 강점이다. 쑤닝이 온라인과 오프라인을 통합하면 온라인 유입량과 오프라인 배송 등 문제가 한꺼번에 해결되어 최적의 공급사슬 시스템이 형성될 것이고 이는 막강한 경쟁력이 될 것이다.

그러나 온오프라인을 연결하려면 시스템 문제 해결만으로는 안 된다. 이익 분배, 관리, 보너스 제도 등도 함께 해결해야 한다. 이것은 쑤닝을 재건하는 것이나 다름없어 어려움이 클 것이다.

〈쑤닝이거우 홈페이지〉

4. 텐센트

전자상거래 투자를 마라톤에 비유한다면, 텐센트가 열심히 출전을 준비하고 있을 때 경쟁상대는 최소 몇 킬로미터는 달려간 상태라고 할 수 있다. 금전적 여유가 있는 텐센트가 할 수 있는 유일한 방법은 '투자'를 통해 후발주자의 열세를 상쇄하는 것이다. 전자상거래 분야에서 텐센트는 공백 상태의 후발주자는 아니다. C2C로 포지셔닝한 파이파이왕이 있었지만 수년 동안 미지근한 상태가 계속되며 타오바오에는 크게 못미쳤다. 그러나 전자상거래의 방향을 분명히 파악한 이후 텐센트는 과감하게 움직였다. 우선 3C 디지털의 B2C 이쉰왕에 투자해 지분을 인수했고, 2011년 5,000만 달러와 1,000만 달러를 투자해 신발류 B2C 하오러마이와 다이아몬드 B2C 커란다이아몬드를 매입했으며, 이룽왕의 주주가 되었고 공동구매 사이트인 F퇀에 투자했다. 이런 대규모 투자 덕분에 QQ왕거우에는 다양한 전자상거래 카테고리가 연결될 수 있었다.

투자 이후에는 통합이다. 2012년 텐센트 전자상거래가 텐센트그룹에서 독립해 더 큰 발전 공간이 마련되었다. 텐센트 전자상거래의 전략은 2가지 방법을 동시에 진행하는 것으로 한 손에는 오픈 플랫폼, 다른 한 손에는 자체 운영 모델을 채택했다. QQ왕거우는 하오러마이, 커란다이아몬드 등 기존의 B2C와 SKU(재고보관단위, Stock Keeping Unit) 도입 외에 인터넷 마트인 이하오뎬(1號店), 화장품 사이트인 텐텐왕(天天網) 등 다른 카테고리의 B2C 기업을 연결시켰다. 2012년 7월, QQ왕거우 플랫폼이 공식 오픈됐고, 300개 기업을 유치했다. 자체 운영은 주로 이쉰왕을 통해서 진행한다. 이쉰왕 온라인의 일부는 이쉰과 텐센트의 연합팀이 공동 운영하고 텐센트가 대부분의 기술을 지원한다. 오프라인 공급사슬 부분은 이쉰의 특기로 이쉰의 팀이 운영한다. 이 부분에서 이쉰은 완전히 자체 운영의 노선을 걷고 있으며 앞으로 3년 동안 전국에 80만 제곱미터 규모의 창고 운영 센터를 건설할 예정이다. 텐센트가 이쉰을 통해 전자상거래의 전체적인 공급사슬을 통제할 것으로 보인다.

텐센트 재무보고서에 따르면, 2012년 3분기 텐센트의 전자상거래 부문 매출은 전분기보다 32.2% 증가해 11억 3,390만 위안에 달했다. 전자상거래 매출 신장은 이쉰왕 자체 운영 사업의 거래량이 증가된 것이고, 텐센트 전자상거래의 매출 비용은 10억 8,500만 위안으로 전분기 대비 30% 증가했다. 전자상거래 매출에서 매출 비용이 차지하는 비중이 95.7%에 달했지만 그래도 적자를 면할 수는 없었다. 그러나 텐센트 전자상거래는 현재 안정적으로 발전하고 있어 텐센트 같은 대기업에게 지금의 전략적 적자는 전자상거래 분야에서 자리잡기 위해 반드시 거쳐야 하는 것으로 보인다. 더 중요한 것은 텐센트가 전자상거래 사업을 전략적 분야로 끌어올리면 사용자 유입량이든 자본이든 문제가 될 것이 없다는 점이다.

텐센트, 8,440만 달러에 이룽왕 지분 매입

2011년 5월 16일, 새롭게 등장한 전략 투자자인 텐센트홀딩스와 이룽의 지배주주인 세계 최대 온라인 여행사 익스피디아(Expedia)가 신규 발행주 인수를 완료했다. 텐센트가 8,440만 달러를 투자하면서 이룽의 지분 16%를 보유해 이룽의 2대 주주가 되었다. 이것은 업계 최초로 인터넷 선두기업과 온라인 여행 서비스 업체가 성공적으로 협력한 사례다.

〈이룽왕 홈페이지〉

"텐센트의 온라인 플랫폼과 이룽의 온라인 여행 전문 경험이 결합하면 사용자에게 혁신적인 서비스를 제공할 수 있다." 이번 협력의 취지에 대해 류츠핑(劉熾平) 텐센트홀딩스 총재는 이같이 말했다. 추이광푸

(崔廣福) 이룽 CEO는 텐센트의 방대한 활성 사용자를 가장 중요하게 봤다며, 특히 새로운 생각, 새로운 아이디어가 있는 1990년대에 출생자를 말하는 '90허우(後)'와 '00허우'를 갖고 있다고 말했다.

이룽왕 지분 매입에 대해 텐센트 투자자관계부 책임자는 현재 업계의 많은 기업이 사업 다원화를 꾀하며 다양한 분야로 투자를 확대하고 있다고 말했다. 이밖에 많은 인터넷 신예들이 기업공개(IPO)와 자금조달을 통해 자금력과 경쟁력을 강화하고 있다. 텐센트가 현재 여러 분야에서 지속적으로 투자를 확대하는 것도 매출 다원화를 위한 것으로 다음 경쟁에서 충분한 자본과 자원을 확보하기 위한 포석이다.

온라인 여행 시장이 점차 확대되자 인터넷 선두기업들은 이미 여행 전자상거래를 새로운 '돈줄'로 보고 있다. 타오바오뤼싱(淘寶旅行)과 왕이지퍄오(網易機票)의 뒤를 이어 텐센트도 QQ뤼유(QQ旅遊)를 출시했다.

인터넷 전문가 쑨제(孫杰)는 텐센트의 인수 방법을 자세히 살펴보면 온라인 여행 시장에 대한 텐센트의 야심을 알 수 있다고 지적했다. 2011년 1월, 텐센트는 약 5,000만 위안을 투자해 국내 유명 온라인 여행 기업인 퉁청왕의 지분 30%를 매입했다. 그리고 4개월 만에 다시 이룽왕 지분을 매입한 것이다.

퉁청왕은 여행 정보, 여행 팁, 온라인 예매를 한 곳에 모아 놓은 유명 여행 기업이고, 이룽왕은 국내 선두의 여행 예약 서비스 업체 중 하나이다. 주식을 매입한 두 회사의 주요 업무를 보면 중복되는 부분과 상호 보완되는 부분이 있다. 텐센트의 이런 행보는 자원 통합을 통해 이 분야의 강자인 셰청왕에 대적하기 위해서다.

류쓰민(劉思敏) 사회과학원 여행연구센터 연구원은 "복제를 잘하는 것으로 악명이 높은 펭귄(텐센트)이 이번에는 자기가 직접 회사를 설립하지 않고 지분 인수 방식으로 여행 시장에 진출했다. 이것은 현명한 결정으로, 시장 경쟁이 악화되는 것을 막고 질서 있는 시장 분위기 형성에 도움이 된다."고 말했다.

다이아몬드 전자상거래 진출

2011년 6월 21일, 커란다이아몬드는 텐센트로부터 수천만 달러의 투자를 받았다고 발표했다. 궈펑(郭峰) 커란다이아몬드 CEO는 "커란다이아몬드는 2007년 설립되었다. 텐센트와의 이번 협력으로 발전에 속도가 붙을 것이다. 초기 예상에 따르면, 앞으로 연매출이 8~10억 위안에 달할 것이다."고 소개했다. 그는 커란다이아몬드 팀의 구성원과 창업 배경이 텐센트가 커란에 투자한 중요한 이유 중 하나라고 말했다. 2008년 커란다이아몬드는 처음으로 벤처캐피털 300만 달러를 유치했고 2010년에는 2차 투자를 받았다. 분석에 따르면, 텐센트에게 이번 투자는 B2C 전자상거래의 중요한 전략적 포석이다. 현재 텐센트는 수직 방향 B2C에 전략적 투자를 시작해 범 전자상거래 플랫폼을 구축하고 있다.

〈 커란다이아몬드 홈페이지 〉

2014년 3월 4일, 선전춘계결혼박람회가 폐막된 직후 커란다이아몬드에서 대대적인 임원급 인사 조정 소식이 전해졌다. 부총재인 차오훙즈(曹宏志)가 CEO로 취임했고 임원급 교체가 이미 완료되었다. 관계자는 이번 CEO 조정은 커란 이사회에서 제기한 것으로 배후에는 투자측의 암묵적인 동의가 있었을 것이라고 전했다. 공개된 자료에 따르면, 2007년 궈펑, 왕융(王雍), 훙웨이(洪衛), 리하이(黎海) 4명이 커란다이아몬드를 창립하고 궈펑이 CEO를, 왕융이 부총재를 맡았다. 2012년 왕융이 CEO에 취임했다. 그런데 2012년 커란에 입사한 차오훙즈가 CEO에 취임한 것이다. 업계 관계자는 왕융 CEO가 매출을 지나치게 강조한 나머지 브랜드 구축이 다소 부족했다고 지적했다. 쭤카이(佐卡伊, Zocai) 등 다른 보석 전자상거래 브랜드에 비해 커란다이아몬드는 다이아몬드가 가져야 할 로맨틱한 이미지를 갖지 못했고 아마도 이것이 투자자가 CEO를 교체한 주요 이유일 것이라고 분석했다.

커란이 매출만 추구했던 것과는 달리 다른 보석 전자상거래 브랜드는 프리미엄 브랜드 전략으로 전환했다. 쭤카이의 경우 클래식하고 트랜디한 디자인과 품질을 앞세우고 있으며, 텔레비전 드라마 〈결혼합시다(咱們結婚吧)〉에 협찬해 시청자에게 쭤카이의 이미지를 강하게 심어주었다. 한 네티즌은 쭤카이의 다이아몬드 반지는 청혼의 특효약이라며 여신을 차지하기 위해 반드시 갖춰야 하는 특급 무기라고 말했다. "쭤카이를 하고 우리 결혼합시다."라는 말이 웨이보와 모멘트를 뜨겁게 달궜다. 이 드라마의 인기에 힘입어 쭤카이는 로맨틱한 이미지를 확대했고 '지금 이 순간, 사랑을 느낀다'는 브랜드 철학을 완벽하게 드러냈다. 이밖에 쭤카이는 발라드 왕자 아두(阿杜)의 〈아홉 번째 첫사랑(第九次初戀)〉 앨범에 협찬하여 '사랑'의 이미지를 다시 한 번 홍보했다.

2014년 선전춘계결혼박람회에서 쭤카이는 브랜드 이미지 확립에 대한 노력과 보석 업계의 O2O 모델의 성공적인 운영에 힘입어 거래 성사 건수 500여 건, 거래 금액이 200만 위안에 달해 단연 두각을 나타냈다. 이밖에 위챗 '쭤카이다이아몬드' 공식계정도 관심 사용자 수가 2만여 건 늘어났다.

텐센트, 하오러마이에 투자

2011년 5월 30일, 하오러마이에 3차 자금조달인 6,000만 달러가 들어왔다. 투자자는 텐센트였다. 이번 투자금은 B2C 분야에서 징둥상청이 2010년 1억 5,000만 달러, 판커(凡客, Vancl)가 2010년 1억 달러의 융자를 받은 것에 이어 3번째로 큰 금액이다.

〈텐센트와 하오러마이 로고〉

그러나 텐센트 투자자관계부는 이 소식에 대해 어떠한 반응도 내놓지 않았다. 2007년 11월 창립한 하오러마이는 정품 신발을 판매하는 B2C 전자상거래 사이트다. 2009년 5월, 세콰이어 캐피탈(Sequoia Capital)에서 1차로 1,000만 위안 상당의 투자를 받았다. 2010년 7월, 드레이퍼 피셔 저벳슨(Draper Fisher Jurvetson, DFJ), 인텔, 세콰이어 캐피탈이 공동으로 1,700만 달러를 2차로 투자했다.

2010년 연말, 하오러마이는 2010년 매출이 2억 위안을 돌파했고 일일거래량 최고치가 1만 건을 넘었다고 발표했다. 최근 신발류 사이트는 하오러마이 외에도 러타오왕(樂淘網)이 있다. 업계 관계자는 자금을 확보한 하오러마이가 경쟁에서 우위를 점할 수 있게 되었고 앞으로 시장 경쟁은 더 치열해질 것이라고 분석했다.

〈하오러마이 홈페이지〉

관련 링크 하오러마이 '텐센트 투자 유치 이후 3가지 변화'

2011년 5월, 텐센트에게 5,000만 달러를 투자받은 후 리수빈(李樹斌) CEO는 '텐센트를 뒤에 업고' 난 뒤에 3가지 변화를 느꼈다고 말했다.

1. 신분

텐센트 산하 B2C 인터넷 쇼핑 플랫폼인 'QQ왕거우'의 현재까지 유일한 신발류 협력 파트너로서 텐센트는 앞으로 모든 서비스에 'QQ왕거우'라는 상표를 붙이고 A/S를 일괄 제공할 계획이다. 이 신분은 하오러마이가 텐센트의 사용자 유입량 중 일부를 얻을 수 있다는 것을 뜻한다.

2. 사용자 유입량

QQ왕거우가 광둥성 한 곳에서만 서비스를 하고 있는 상황에서도 하오러마이에 일평균 1,000개가 넘는 신규 주문을 안겨주고 있다. 최근 하오러마이의 평균 주문액은 300위안 정도로 다른 지역에서 이 정도의 주문을 받으려면 100위안 정도의 마케팅 비용을 지불해야 한다. 덕분에 광둥성은 하오러마이의 최대 매출원이 되었다. 리수빈은 앞으로 QQ왕거우가 전국적으로 확대되고 텐센트와의 상호작용도 더 활발해지기를 바란다. 예를 들어 텐센트 회원에게 하오러마이 할인권을 제공하는 것 등이다. 이것을 위해 하오러마이는 텐센트에게 비록 주문량 증가를 위해 필요한 마케팅 비용보다 훨씬 적지만 소정의 관리비를 지불해야 하고, 회사 지분을 일부 양도해야 한다. 이것은 텐센트가 앞으로 하오러마이 주식을 더 확보해 회사를 지배하는 기점이 될 것이다.

3. 막대한 현금 보유

하오러마이는 얼어붙은 자금 시장에 대응할 막대한 현금을 보유하게 되었지만 그렇다고 경쟁사인 러타오처럼 트렌디한 신발과 모바일 판매에만 집중하지는 않을 것이다. 4개 도시에 자체 창고와 배송팀을 구축하고 2012년 3~7개를 증설해 하오러마이의 2차 구매율을 40%까지 높일 계획이다.

리수빈은 올해 손익 균형을 달성하고 패션 모자 등 분야로 카테고리를 확대하기를 바란다. 이런 변화는 텐센트의 전략 변화에서 기인한다. 중국에서 등록 사용자 수가 최고로 많은 인터넷 기업인 텐센트는 중국 인터넷 창업자들에게 최대 장애물로 여겨져왔다. 새로운 시장 기회가 생길 때마다 텐센트는 늘 빠른 보급 채널을 이용해 경쟁 상대를 따돌리기 때문이다.

텐센트, 마마왕에 5,000만 위안 투자

2011년 6월, 텐센트는 마마왕(媽媽網)에 5,000만 위안의 전략적 투자를 단행했다. 2007년 광저우(廣州)에 설립된 마마왕은 전국 최대 규모의 임신, 출산, 육아 커뮤니티다. 주요 서비스는 임신, 출산, 육아 분야로, 최근에는 부동산, 가구 인테리어, 자동차 등 관련 서비스로까지 확대되었고 이 지역의 생활 소비 관련 분야를 아우르면서 산하의 32개 사이트가 주요 도시와 중심 도시를 커버한다.

이 투자금은 주로 팀 확대, 지역별 생활 소비 부문 강화, 기술력 강화 등에 사용되어 마마왕이 임신, 출산, 육아 분야에서 부동산, 가구 인테리어, 자동차 등 지역별 생활 소비 분야를 커버하는 종합 전자상거래 사이트로 전환되는 것을 도울 것이다.

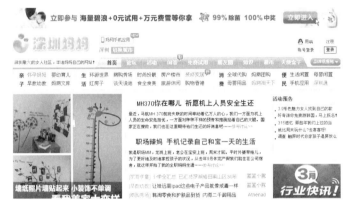

〈선전 마마왕 홈페이지〉

파이파이왕

텐센트의 파이파이왕은 텐센트 산하 전자상거래 플랫폼으로 2005
년 9월 12일 오픈했고 2006년 3월 13일 공식 운영에 들어갔다.

〈파이파이왕 메인화면〉

QQ가 파이파이왕을 '말해내다'

타오바오왕은 먼저 사이트가 있었고 나중에 '타오바오왕왕(淘寶旺
旺, 타오바오왕의 자체 메신저)'이 생긴 것이다. 이와 달리 텐센트는 먼저
QQ메신저가 있고 그 다음 파이파이왕이 생겼다. 이 둘의 차이점은 메
신저 툴을 이용한 사업에서 파이파이왕은 선천적인 강점을 갖고 있다
는 것이다.

파이파이왕의 강점은 방대한 QQ 사용자군이다. QQ를 기반으로 다
른 서비스를 연결하는 것은 텐센트가 여러 번의 경험으로 검증한 방법

이다. Q존과 파이파이왕이 공동 출시한 QCC상청(QCC商城) 덕분에 파이파이왕의 사용자 유입량과 거래량이 20% 이상 늘었고, 2년도 채 안 되어 사용자 수가 가볍게 4,500만을 돌파했으며, 온라인 상품의 수도 일시에 1,000만 개를 넘었다.

타오바오가 사용자 유입에 능하다면 파이파이왕의 특기는 사용자를 축적하는 것이다. '사업은 말에서 나온다'라는 말처럼 QQ는 '어떻게 하면 소통을 거래로 이어지게 할까'를 놓고 온갖 지혜를 다 짜내고 있다. 사용자는 QQ를 통해 소통하고, QQ췬(群)을 통해 취향이 비슷한 그룹을 만들며, Q존을 통해 개성 있는 표현을 하고, QQ닷컴을 통해 다양한 트렌드 정보를 수집할 수 있다.

4대 플랫폼이 제공하는 전면적인 마케팅 서비스

파이파이왕 오픈 플랫폼의 서비스 대상은 개인 개발자, 프리랜서 개발자, 제3자 협력업체를 포함한 다양한 협력 파트너와 파이파이왕의 우수 판매자이다. 오픈 플랫폼은 플러그 인 플랫폼, 데이터 및 서비스 프로세스, 외부 접속 표준, 서비스 사슬의 4대 탑재 플랫폼을 포함하며, 판매자의 인터넷 상점 관리 시스템, 제3자 서비스, 커뮤니티 전자상거래, 독립적인 외부 상점 시스템의 4대 판매자 지원 시스템을 계획하여 판매자에게 토털 마케팅 서비스를 지원한다.

파이파이왕 관계자는 "파이파이왕 플랫폼의 핵심 업무는 판매자에게 양질의 서비스를 제공함으로써 최종 소비자인 사용자에게 서비스하는 것이다. 이번 파이파이왕이 오픈 플랫폼이라는 중대한 조치를 취한 것은 수많은 판매자의 기본적인 수요를 만족시키면서 동시에 플랫폼의 많은 서비스를 제3자에게 개방해 각자의 강점을 결합하기 위함이다. 그리고 파이파이왕과 플랫폼의 서비스를 전반적으로 향상시키고 판매자의 서비스 능력을 높여 더 전문적이고 더 성장 가능성이 있는 전자상거래 생태 사슬을 함께 만들어나가길 바라기 때문이다."라고 말했다.

파이파이왕은 다르다

판매자가 가장 관심 있는 수익 분배 등 문제에 대해 해당 관계자는 텐센트그룹의 차별화된 자원 우세를 바탕으로 파이파이왕은 협력 파트너와 판매자에게 최대한의 자원을 쏟아 그들이 시장 수익을 충분히 확보할 수 있도록 할 것이며, 서비스 최적화를 지속적으로 지원할 것이라고 강조했다. 예를 들어, 수익 분배에서 파이파이왕은 수수료 할인율을 마케팅 자원으로 전환하는 방식을 채택해 사업자에게 피드백하고 있다. 제3자 협력 파트너 분야에서 파이파이왕은 서비스 위탁 관리 등에 더 많은 비용을 투입해 다방면으로 지원할 예정이다.

중국 쇼핑몰 구축 엔진인 숍이엑스(ShopEX)의 푸춘위(付春雨) 전략 협력 디렉터는 "숍이엑스는 지난해 파이파이왕과 전략적 협력을 맺었다. 파이파이왕의 제3자 협력 파트너로서 양측은 각자의 업무와 제품, 플랫폼의 상호 보완성을 바탕으로 판매자 서비스에 전방위적으로 협력하고 파이파이왕은 자신의 강력한 사용자 자원과 전문적인 마케팅, 운영 경험을 통해 판매자에게 완벽한 플랫폼 서비스를 제공할 것이다."라고 말했다.

양질의 전자상거래 생태계 형성

파이파이왕 오픈 플랫폼은 강력한 4가지 판매자 지원 시스템으로 판매자가 단기간 안에 인터넷 판매 채널을 확보해 더 큰 수익을 얻을 수 있도록 돕는다. 예를 들어 판매자는 API 인터넷 상점 관리 시스템에 접속하면 주문서 대량 처리와 재고에 맞춰 자동으로 상품을 대량으로 올리고 내리는 일을 할 수 있다. 이것으로 하루 평균 주문 처리능력을 10배 강화했고 인력 투자비는 4배 가까이 줄였다. 또한 제때 서비스하지 못해 생긴 고객 불만 신고와 반품 비율도 이전의 10%에서 0.1% 이하로 줄여 사업자의 마케팅 능력, 효율, 수익이 모두 큰 폭으로 향상되었다.

업계 관계자는 파이파이왕은 연초 '전 사이트 성실 보증', 9월 판매자 성장 지원 3대 계획 시행 등 판매자 지원에 많은 조치를 취했다며 파이파이왕의 보급력과 결심이 매우 강함을 알 수 있는 것이라고 말했다. 파이파이왕의 이번 오픈 플랫폼 선언과 제3자 서비스 업체와 판매자의 힘을 모은 것이 상하이투자유치회에서 다시 한 번 힘을 발휘했다. 판매자의 이익과 제3자 협력 파트너에게 유리한 이익 분배 시스템 등은 커뮤니티화된 전자상거래 각 단계가 효과적으로 상호작용하도록 할 것이다. 또한 파이파이왕이 개방적이고 방대한 온라인 시장 잠재력을 지닌 온라인 쇼핑 환경을 구축하는 것을 도울 것이다. 수많은 판매자와 소비자에게 더 완벽하고 우수한 전자상거래 생태계를 형성해줄 것이다.

파이파이왕 일매출 1억 위안을 돌파하다

2011년 10월 24일 텐센트 전자상거래 사상 최대의 마케팅 활동인

'파이파이 평창제(拍拍瘋搶節)'가 시작되었다. 매출이 폭발적으로 증가하여 24일 17시 32분 기준, 매출액이 1억 위안을 돌파했다. 이것은 텐센트 전자상거래 일매출 신기록이다.

〈파이파이 평창제 이벤트 화면〉

텐센트의 통계에 따르면, 24일 0시부터 파이파이왕과 QQ상청의 사용자 유입량이 폭발적으로 늘어나기 시작해 최고 100만여 명이 동시접속하기도 했다. 17시까지 파이파이왕과 QQ상청의 주문량은 50만 건이 넘었다. 17시간 동안 파이파이왕과 QQ상청에서 분당 490개의 상품이 팔려나갔고 1초당 의류 5벌, 2.5초당 3C 디지털 제품이 1개씩 팔려나갔다.

이번 '파이파이 평창제'에서 가장 눈에 띄는 점은 활동에 참여한 브랜드가 전부 최고 50% 세일을 내걸었다는 것이다. '평창' 활동을 위해 탕스(唐獅), 바이리(百麗) 등 300여 개 유명 브랜드가 2개월 전부터 상품 준비에 나섰다.

'파이파이 펑창제Ⅱ', 11.11 솔로 데이를 피한 세일

1차 파이파이 펑창제는 '11.11' 솔로 데이의 열풍을 피한 것이 주효했다. 10월 말 세일을 시작해 다른 전자상거래 사이트로 갈 수 있는 구매력을 사전에 차단시키면서 5일 동안 7억 1,800만 위안이라는 역대 최고 매출을 기록했고, 폭발적인 택배 물량과 물류 정체도 피했다. 이 세일은 서비스에서 우위를 점했기 때문에 11월 한 달 동안 시장에서 많은 기업이 다양한 프로모션을 진행했음에도 텐센트 파이파이왕의 매출은 영향을 받지 않았고 오히려 양호한 매출세를 이어갔다.

텐센트는 이 방법을 다시 '카피'했다. 전자상거래 업체들이 모두 연말 '12.12' 세일을 준비하고 있을 때 파이파이왕과 QQ상청은 12월 6일에서 8일까지 1,000개 브랜드에서 2차 세일을 진행하고 전품목 최고 50% 할인에 나서 3일 동안 매출 5억 위안을 목표로 삼았다.

〈파이파이 펑창제Ⅱ 이벤트 화면〉

'파이파이 펑창제Ⅱ' 예열을 위한 가상 충전 이벤트가 앞서 출시되었다. 2011년 11월 29일 0시부터 2011년 12월 5일 24시까지 통화료 충전, 인터넷 게임, 인터넷 부가가치 서비스 50위안 개통시 80위안 상당의 파이파이왕 우대권을 증정하고, 추첨을 통해 4,999위안의 통화료와

아이폰4 8G 버전과 3G 휴대전화 등을 제공했다.

〈파이파이 평창제Ⅱ 가상 충전 이벤트 화면〉

12월 6일부터 2차 파이파이 평창제가 공식 막을 열었다. 지난번 300개 브랜드만 참여했던 것과는 달리 이번에는 1,000개에 달하는 브랜드가 참여했다. 나이키, 리닝(李寧), GXG, LEE, 안리팡(安莉芳), 스웨마미(十月媽咪), 사사(莎莎), 메이터쓰 방웨이(美特斯邦威, Meters Bonwe), 푸안나(富安娜), 커란다이아몬드 등 유명 브랜드가 참여해 전 품목 최고 50% 세일에 나섰다. 또한 파이파이왕은 전 세계 최저가를 실현하기 위해 세일에 참가하는 판매자 상품에 대해 24시간 실시간 가격 비교를 시행해 최저가가 아닐 경우 사업자에게 즉시 가격을 조정하도록 함으로써 이벤트 기간 동안 소비자가 최대의 혜택을 누리도록 했다.

어떤 분석가는 '11.11'의 인터넷 쇼핑에서 소비자들이 보편적으로 불편을 느꼈던 부분은 허위 할인이 많고 애매모호한 부분이 많다는 점이었다고 지적했다. 파이파이왕이 가격 비교를 통해 전체 사이트 최저가를 내세운 것은 '100위안 구매시 300위안 증정, 200위안 구매 시 800위안 증정'이라는 꼼수보다 훨씬 내실이 있어 소비자의 판단을 도왔다.

판매자 입장에서는 쇼핑 최절정기를 피해 마케팅 활동에 참여하는 것이 더 좋다. 한 사업자는 올해는 '11.11' 세일 활동에 참여하지 않았다며 "너무 많은 기업이 하루에 유한한 사용자 유입량 자원을 쟁탈하다보니 비용이 터무니없이 높아졌다. 그래서 우선 가격을 높인 다음 다시 할인하는 방식을 사용할 수 밖에 없고 이것은 소비자의 경험에도 부정적인 영향을 미쳤다."고 말했다.

세일로 인한 물류 지연을 막기 위해 텐센트 전자상거래 플랫폼은 '12시간 빠른 배송' 서비스를 내놓았다. 소비자가 파이파이왕에서 '성실' 마크가 붙은 상품을 구매하고 결제했는데 판매자가 빠른 배송 약속을 지키지 않으면, 소비자는 판매자에게 배상금 지불을 신청할 수 있고 최고 10위안의 보상금을 받을 수 있다. 파이파이왕은 소비자의 권익 보장을 위해 앞으로 선보상제를 실시해 고객센터의 개입 없이 소비자가 즉시 배상을 받을 수 있도록 할 방침이다. '12시간 빠른 배송'은 C2C 업계에서 판매자에 대한 최고의 요구 기준으로 기존에 업계가 시행한 최고 기준보다 2배 이상 빠른 것이다.

QQ왕거우

QQ왕거우는 텐센트 산하의 종합 인터넷 쇼핑몰로 수천만 종의 상품이 온라인에서 절찬 판매되고 있다. 7일 반품, 선보상 약속, 주문 후 빠른 배송, 상품 수령 후 결제가 지원된다. 브랜드전, 유행 패션, 인기 디지털 가전, 유행의 발견, 인기 브랜드 공동구매, 배송비 무료 전용존 등 양질의 서비스를 제공하고 있다. QQ왕거우는 다양하고 흥미로운 제품으로 소비자에게 행복한 쇼핑 경험을 제공한다!

QQ왕거우 공식 오픈

텐센트의 슈퍼 전자상거래 사이트인 QQ왕거우는 2011년 10월 11일 0시에 공식 오픈했다. QQ왕거우는 디지털 가전, 스포츠용품, 보석 액세서리, 생활 마트, 뷰티, 유행 패션 등 여러 카테고리가 있고, 상품 수령 후 결제, 빠른 물류, 최장 기간 무조건 반품 교환 등의 서비스를 제공한다. 그러나 시험 영업 기간 동안에는 광둥성 사용자에게만 오픈했다.

관련 링크 QQ왕거우가 고객들에게 보낸 첫 번째 편지

친애하는 QQ왕거우 고객 여러분께

이 전혀 새로운 인터넷 쇼핑 플랫폼에 관심을 가져주셔서 감사합니다!

2011년 10월 11일, 텐센트 산하 또 하나의 대형 전자상거래 플랫폼인 QQ왕거우가 오픈했습니다!

QQ왕거우는 디지털 가전, 스포츠용품, 보석 액세서리, 생활 마트, 뷰티, 유행 패션 등 여러 품목에서 가장 우수한 브랜드의 제품만을 모았고, 여러분께 상품 수령 후 결제, 빠른 물류, 최장 기간 무조건 반품 교환 등 세심한 서비스를 제공합니다. 고객 만족이 저희가 드릴 수 있는 최선의 약속입니다! 오늘부터 저희는 여러분께 전혀 새로운 인터넷 쇼핑 경험을 제공할 것입니다! QQ왕거우와 함께 하면 인터넷 쇼핑 생활이 더 아름다워집니다!

최고의 서비스를 제공하기 위해 1차로 광둥성 사용자를 대상으로 시범 운영됩니다. QQ왕거우의 편안한 쇼핑 프로세스를 체험하시고 여러분의 귀중한 의견을 언제든지 피드백해주시기 바랍니다. 현재 QQ왕거우에는 부족한 부분이 있지만 여러분과 함께 개선해나가면 더 나은 전자상거래 사이트가 될 것입니다!

여러분께 편리하고, 안심할 수 있으며, 친근한 인터넷 쇼핑 플랫폼을 제공하겠습니다!

QQ왕거우와 QQ상청, 하나로 통합되다

2013년 3월 26일, 텐센트 전자상거래 산하의 QQ왕거우와 QQ상청이 하나로 통합되어 새로운 플랫폼인 QQ왕거우의 브랜드가 출시되었다. 인터넷 사이트 주소는 buy.qq.com이다. 이것은 이전 텐센트 전자상거래가 계획한 '자체 운영+개방' 전략이 이미 모양을 갖췄다는 것을 뜻한다.

QQ상청은 2010년 3월 22일 'QQ회원 공식상점'의 업그레이드 버전으로 출발했다. 업그레이드 이후 QQ상청은 기존의 제약을 극복하고 이전 QQ 회원만 누렸던 저가 유명 브랜드 인터넷 쇼핑 특권을 모든 QQ 사용자에게 전면 개방했으며, QQ 회원의 우대 특권도 더욱 업그레이드시켰다. 이 사이트는 피에르 가르뎅, CK, 잭 앤 존스 (Jack & Jones), 에스티로더, 디즈니 등 200여 개의 유명 브랜드를 망라하고 있고, 정품 및 저가를 보장하면서 완벽한 A/S와 보상 서비스를 갖추었다.

2012년 3월 1일, QQ상청은 판매자 유료 조치를 취했다. 판매자가 부담하는 비용은 계약금, 플랫폼 사용 연회비, 거래 서비스 사용비, 이렇게 3부분으로 나뉜다. 이 가운데 계약금은 상점 당 2만 위안이고, 연회비는 1년에 6,000위안이다. 거래 기술 서비스는 거래액에 따라 일정 비율로 받는다.

2013년 3월 26일, 텐센트 전자상거래에서 업태가 중복되는 QQ왕거우와 QQ상청은 하나로 통합되어 QQ왕거우라는 브랜드로 재탄생했다. QQ상청의 우수한 판매자는 남겨놓았다.

QQ왕거우, 통합 후 가속 발전

QQ왕거우는 판매자 엄선, 판매자 감소의 상황에서도 거래량이 큰 폭으로 증가하였다. 텐센트 전자상거래 자료에 따르면, 2013년 QQ왕거우(실물 및 가상 상품 포함)의 거래액은 134% 증가했다.

2013년 3월, QQ상청과 QQ왕거우는 브랜드 업그레이드를 완료했다. 업그레이드 이후 QQ왕거우는 판매자 엄선 작업을 진행하여 기존 1만 2,000개에서 6,500개를 선별했다. 판매자 수가 50% 줄었고, 상품 수도 20% 줄었지만 출하율은 50% 늘었고, 개별 판매자의 매출액도 30%

증가했다.

판매자 엄선 후 QQ왕거우는 사용자 유입량을 더 효율적으로 이용하게 되었고 양질의 상품과 서비스를 제공하는 브랜드 판매자는 소비자의 선택을 더 많이 받게 되었다. QQ왕거우 자료에 따르면, 2013년 총 5개의 판매자가 QQ왕거우에서 주문한 주문액은 1억 위안이 넘었다.

〈QQ왕거우 홈페이지〉

이쉰왕

2006년 설립된 이쉰왕은 2010년 텐센트의 투자를 받았고, 텐센트 전자상거래의 '자체 운영 + 오픈 플랫폼' 전략 구도에서 입소문과 창고 물류 등 인프라 건설을 담당했다.

〈이쉰왕 홈페이지〉

텐센트, 이쉰왕 지배 완료

2010년부터 텐센트는 이쉰왕과 전략적 협력 관계를 맺고 이후 점진적으로 지분을 매입했다. 텐센트는 사업 구조를 조정해 동일 브랜드 및 자원을 통합하는 효율성 제고가 시급했고, 이쉰은 자체 운영 플랫폼 운영자의 역할을 할 계획이었다.

텐센트는 이쉰의 고효율과 입소문을 눈여겨 봤다. 텐센트가 지분을 확보하기 전에 이쉰은 지역 시장에서 수익을 내고 있었다. 또한 '1일 3배송'으로 유명한 물류 배송 시스템도 업계에서 좋은 평판을 받고 있었다.

2011년 초, 산업 자본이 전자상거래 업체를 '앞다퉈 매입'하는 열풍 속에서 텐센트는 이쉰, 커란다이아몬드, 하오러마이를 속속 매입했다. 이들 유명 B2C 기업은 텐센트 전자상거래 '3층 구조'에서 제일 높은 층인 QQ 슈퍼 온라인 쇼핑을 이루었다.

이쉰은 텐센트 내부의 자원 사용 효율성 심사 체계로 편입되었고, 다른 텐센트 부서처럼 텐센트가 제공하는 자원을 지원받았다. 이밖에 텐센트는 인터넷 사업 전문가 50명을 이쉰에 파견했다.

텐센트의 지분 참여로 유입된 자금, 사용자 유입량 등에 힘입어 이쉰은 상하이 지역의 전자상거래 업체에서 더 넓은 지역으로 확장했다.

부광치(卜廣齊) 이쉰왕 CEO는 텐센트가 이쉰을 지배한 지 1년 6개월 만에 이쉰의 주문량이 10배 정도 늘어났다고 말했다.

이쉰은 자체 운영 사업의 플랫폼 운영업체 역할을 맡고, 하오러마이, 이하오뎬(一號店) 등 다른 B2C는 QQ상청에서 양질의 판매자와 오픈 플랫폼 부분을 맡았다. 다른 C2C 상점은 오픈 플랫폼에 편입시켜 'QQ왕거우 상점거리'로 귀속시켰다.

관련 링크　이쉰과 텐센트, 각자 필요한 것을 취하다

부광치는 자금조달은 결혼 상대를 찾는 것이라고 생각한다. 문화가 맞고, 두 집안의 형편이 비슷해야 앞으로 행복할 수 있다는 것이다. 2009년 봄, 부광치와 창립 주주들은 신년 전략을 논의하면서 그해 추세를 분석하는 과정에서 새로운 자금조달 기회를 발견했다. 2009년은 인터넷 선두기업들이 전자상거래에 관심을 갖기 시작한 해였다. 바이두가 전자상거래 부서를 신설했고 텐센트도 전자상거래 분야에서 새로운 움직임을 시작했다.

업계가 상품 공급원 쟁탈에 여념이 없던 터라 상품은 홍보하지 않아도 잘 팔렸다.

2009년 전후로 전자상거래 업체가 대량으로 몰려들어 사용자 유입량이 점점 귀해졌다. 신규 사용자 한 명당 몇 펀(分[13])이었다가 나중에는 몇 자오(角[14])로 변했고 이후에는 1위안으로 변했다. 사용자 확보 비용이 몇 배씩 올라간 것이다. 당시 부광치는 앞으로 사용자 유입량 확보가 기업 경영 비용에서 큰 부분을 차지할 것이기 때문에 상품 공급원이 아닌 이 분야에 집중해야 한다고 판단했다. 때문에 자금조달 방향도 사용자 유입량 확보로 선회했다. 목표가 분명해지자 부광치는 투자자 명단을 만들었다. 최적의 투자자는 텐센트였고, 그 다음이 바이두, 마지막이 알리바바였다. 당시 알리바바는 징둥을 눈여겨 보지 않았고, 이쉰과 접촉하면서 이쉰이 B2C가 아니라 알리바바의 물류를 돕기 바랐다. 그러나 이것은 이쉰이 바라는 바가 아니었다. 2009년 3월, 당시 텐센트의 전자상거래 책임자 출신으로 이후 텐센트 전자상거래 플랫폼부 부사장, 이쉰왕 CMO를 맡은 구쓰빈(顧思斌)이 상하이에서 전자상거래 업계 사람들을 만났다. 당시 텐센트는 가볍고 앞으로 포용력이 더 큰 개방형 플랫폼을 구상하고 있었고 구쓰빈은 협력업체를 찾고 있었다.

텐센트의 투자를 받고 싶었던 이쉰은 텐센트를 직접 찾아갔다. 이미 '생각을 정리한' 부광치는 단순한 업무 협력은 전망이 밝지 않고 B2C가 큰 플랫폼으로 들어가는 것은 적합하지 않다고 단도직입적으로 말했다. 쌍방이 다른 생각을 하고 있기 때문이라는 것이다. 그러면서 자본 측면에서 더 깊이 있게 진행해야 한다고 주장했다.

부광치의 '추파'는 텐센트에게 좋은 인상을 주었다. 부광치는 텐센트와의 첫 번째 접촉을 말하면서 "남녀가 첫눈에 반한 것 같았다."고 표현했다. 서로 마음은 있지만 연애를 시작하려면 더 이야기를 나눠봐야 한다는 것이다. 텐센트는 우샤오광 텐센트 전자상거래지주회사 CEO를 필두로 팀을 조직해 상하이의 이쉰 창고를 참관했다. 당시 이쉰의 창고는 8,000여 제곱미터에 불과했고 게다가 많은 부분이 비어있었으며 조건도 열악했다. 그러나 이쉰이 미래의 '시댁'에게 보여준 것은 창업 정신과 업계에 대한 이해였다.

우샤오광은 텐센트 전자상거래는 아직 발전 방향이 명확하지 않다며 방향 설정을 위해서 더 많은 것을 모색해야 한다고 솔직하게 말했다. 앞으로 텐센트가 정말 전

13 중국의 화폐 단위로 1위안의 1/100.

14 중국의 화폐 단위로 1위안의 1/10.

자상거래에 투자한다면 단순한 벤처캐피털 방식이 아니라 이쉰이 텐센트 전자상거래 큰 플랫폼의 일부분이 되는 방식을 바랐다. 부광치도 텐센트와 협력하게 되면 자식 같은 이쉰이 대문도 바꾸고 심지어 이름도 바뀔 수 있으니 망설여진다고 솔직하게 말했다. 그러나 그도 이것이 좋은 기회라고 느꼈다. 부광치는 얻으려면 반드시 주어야 한다고, 텐센트에게 자원을 지원받으려면 대가를 치러야 한다고 생각했다.

그러나 당시 텐센트 전자상거래는 발전 전략이 명확하지 않았기 때문에 그 후 1년여의 협상을 거쳐 2009년 말에야 이쉰에 투자하기로 결정했다. 2010년 초에 1차 자금이 이쉰에 투자되었고, 이때는 주식에 투자하지 않고 후속 투자 권리를 남겨두었다. 1차 투자는 '결혼을 목적으로 한 동거'와 비슷했다. 2010년 이후부터는 이쉰에 본격적으로 투자를 진행해 지분 확보를 완료했다.

이쉰왕 CEO를 텐센트 부총재로 임명하다

2013년 8월 5일, 텐센트는 내부 메일을 통해 텐센트 전자상거래 산하 이쉰왕 CEO 부광치를 텐센트 부총재로 임명하고 텐센트 전자상거래 자체 운영 브랜드 사업 구축과 발전을 책임지도록 했으며 결재라인은 텐센트 전자상거래지주회사 CEO에게 보고하도록 했다.

텐센트는 임명 메일에서 부광치는 중국 전자상거래 분야의 탐색자 중 한 명으로 이쉰왕을 창립했고 CEO를 역임했다고 소개했다. 실제로 그는 이쉰 성장 과정에서 거시적인 안목으로 공급사슬과 물류 분야의 실력을 다져 빠르게 성장한 동시에 사용자에게 좋은 평판도 얻었다.

부광치가 이끄는 이쉰은 텐센트의 전략적 투자를 받은 뒤 B2C의 치열한 경쟁 환경에서 안정적으로 확장되었다. 지역 물류센터를 설립하고 전국적인 공급사슬 기본 시스템을 구축했을 뿐 아니라 물류 서비스 수

준도 업계 선두를 유지해 텐센트 전자상거래의 든든한 엔진이 되었다.

텐센트에서 투자를 받은 뒤 이쉰왕은 최근 몇 년 동안 가장 빠르게 다크호스로 성장했다. 데이터에 따르면, 2012년 이쉰왕의 주문액은 68억 위안, 2013년 매출액은 120억~150억이 예상되어 중국 전자상거래의 독립 B2C 3위에 진입할 것으로 전망되었다.

관련 링크 이쉰 주문액 사상 최고를 기록하다

2013년 6월 17일, 징둥 개점일을 맞아 전자상거래 가격전쟁이 최고조에 이르자 이에 맞서 이쉰왕은 전 품목 50% 세일을 내걸고 대대적인 연중 세일을 진행했다. 2013년 상반기에는 가전이 강세를 보였다.

이와 동시에 '빙점 행동(冰點行動)'이라 불리는 이쉰 IT 디지털 전문 매장의 프로모션의 가격도 징둥보다 낮았고, '플러스 1위안으로 선물 받기' 이벤트와 10만 개 상품을 무료 배송하는 '백화 폭풍' 이벤트도 동시에 진행했다. 이쉰은 5대 판촉 활동을 대대적으로 진행해 징둥 개점일 기념 세일에 직접적인 타격을 주었고, 실적도 크게 높였다.

6월 17일부터 주문량과 주문액이 폭등했다. 당일 주문액이 100% 증가한 상태에서 6월 18일에는 주문액이 1억 위안을 돌파해 신기록을 세웠다. 이것은 1일 평균 주문량보다 200% 이상 높은 것이다.

가전, 잡화, 휴대전화 및 IT 등 제품 판매량이 가장 많이 증가했고, 가전 제품의 경우 500% 이상 증가했다. 에너지 절약 보조 정책이 폐지되어 외부 시장 환경이 불리한 상황에서도 이쉰의 에어컨, 흑색가전 매출이 각각 725%, 565% 증가했고, 가구, 전기 제품 매출도 545% 증가했다. 휴대전화, IT, 디지털, 잡화 등 품목은 120% 이상 증가했다.

6월 19일, 다른 전자상거래 사이트의 사용자 유입량과 주문량은 줄었지만 이쉰의 주문액은 여전히 빠른 증가세를 유지했고 오전 11시 기준 주문량도 18일 동시간 대비 증가세를 이어갔다.

이쉰왕 관계자는 경제 환경이 전반적으로 낙관적이지 않고, 내수 진작 정책이 속속 폐지되었지만 전자상거래 업계의 이번 가격전 효과는 예상을 훨씬 뛰어넘었다고 말했다. 이쉰도 업계 최고 성장률을 유지했다. 이번 판촉 활동 성과가 신기록을 달성한 것은 이쉰이 내놓은 '가격 신고제'와 '비싸면 2배 보상'과 밀접한 관계가 있다.

2013년 이쉰 주문서 16%가 모바일에서 나오다

이전 2년의 모바일 전자상거래가 향후 추세였다면, 2013년 모바일 전자상거래는 실질적인 현실이 되었다. 모바일 인터넷의 물결이 밀려드는 상황에서 모바일에서 온라인 쇼핑을 하는 사용자가 점점 증가했고, 이 추세가 텐센트 전자상거래 산하 종합 쇼핑 사이트인 이쉰왕의 2013년 성과에도 변화를 일으켰다.

2013년 상반기, 이쉰왕의 모바일 주문량은 전체의 10% 이상을 차지했고, 하반기 들면서 이쉰왕은 모바일 전자상거래 분야에서 가파른 성장세를 보였다.

2013년 8월, 이쉰왕은 B2C 전자상거래 사이트 가운데 가장 먼저 위챗 페이먼트를 탑재함으로써 업계 최초로 모바일 쇼핑의 폐쇄 순환형 사용자 경험을 실현했다. 2013년 9월, 이쉰은 위챗 스캔 구매를 출시했다. 소비자는 위챗의 스캔 기능을 이용해 주문하고 위챗 페이먼트를 통해 주문서를 결제할 수 있게 되었다. 2013년 '11.11'을 맞아 이쉰은 위챗에 성공적으로 탑재되었다. 위챗 5.0 버전의 '나의 은행카드'에 '엄선상품' 매장을 마련해 엄선상품과 반짝 구매 방식을 공략했다. 2013년 '12.12' 때 위챗의 '엄선상품'이 업그레이드되어 상품 품목과 수량이 확대되었고 브랜드 특가 판매 채널이 삽입되었다.

모바일을 공략한 이쉰왕은 모바일 전자상거래 분야의 선발주자로 우위에 있다. 텐센트 전자상거래 자료에 따르면, 2013년 이쉰왕의 이동 단말기를 통한 주문량은 이쉰 전체 주문량의 16% 이상을 차지했고, 2012년 동기 대비 14배 이상 늘어났다. 한 해 동안 200만에 달하는 사용자가 이쉰 모바일 앱, 위챗 스캔 구매, 위챗 '이쉰 엄선' 채널을 통해 주문했다.

데이터에 따르면, 모바일 앱, 위챗 '엄선상품', 이쉰 WAP 모바일 버전 등 채널 중 소비자는 모바일 앱을 통한 구매를 가장 선호하는 것으로 나타났다. 이 점은 주목할 만하다. 이쉰 모바일 앱 주문량이 이쉰의 이동 단말기 전체 주문량에서 80% 정도를 차지했다. 그 가운데 안드로이드 스마트폰 사용자의 주문량이 60%를 넘었다. iOS 시스템 스마트폰 사용자의 주문량은 2012년 동기 대비 2,000% 증가해 안드로이드 사용자의 주문량 증가율을 크게 앞섰다.

19분 총알 배송

국내 전자상거래 기업 중 유일하게 '1일 3배송'의 고품질 물류 서비스를 제공하는 이쉰은 번개 같은 물류가 핵심 경쟁력 중 하나다.

2013년, 이쉰은 물류 구축에 지속적으로 투자를 강화했다. 기존의 상하이, 베이징, 선전 등 6개 핵심 도시의 창고 물류를 기반으로 2013년 이쉰은 광저우, 항저우(杭州), 청두(成都), 난징(南京), 지난(濟南) 등 10대 핵심 창고를 개설하고 자체 배송팀을 만들었다. 또한 화남(華南) 지역 최대 전자상거래 물류 기지인 광저우 황푸(黃埔)창고도 2013년 공식 착공했다. 약 13만 3,333제곱미터 규모의 상하이 칭푸(靑浦)창고가 사용되기 시작하면 징둥의 '아시아 1호'를 넘어서 아시아 최대 자동화 창고 저장 센터가 될 것이다. 지속적인 자체 물류 투자와 물류 배송 능력 강화 외에 2013년 '12.12' 전날, 이쉰은 업계에서 솔선하여 국내 물류 업계의 선두 기업인 순펑(順豐)과 손잡고 더 넓은 지역의 소비자를 커버하게 되었고 고객에게 더 높은 수준의 배송 서비스를 제공했다. 강력한 기초 능력을 바탕으로 이쉰의 주문 배달 효율은 경쟁 상대를 크게 앞섰다.

2013년 최단 배송 시간을 기록한 주문은 10월 30일 선전시 바오안 (寶安)구의 주문이 차지했다. 소비자가 17시 49분에 주문한 물건이 18시 08분에 배송이 완료되어 배송 시간이 겨우 19분 밖에 걸리지 않았다. 이 쉰의 '번개 배송' 순위에서 10위 안에 든 주문은 소비자가 주문한 시간부 터 사용자가 수령 사인을 하기까지 평균 1시간 이내를 기록해 경쟁 상대 의 소위 스피드 배달이라는 유료 빠른 배송 서비스를 압도했다.

2013년 이쉰의 '번개 배송' 순위를 보면 이쉰의 자체 배송팀이 커 버하는 도시에서 이쉰 배송직원들 사이에 '배송 시간 경쟁'이 생긴 것처 럼 보인다. 선전시에서 가장 빠른 배송이 나온 것 외에 후베이(湖北)성 우한(武漢)시 훙산(洪山)구의 한 소비자가 7월 22일 주문한 상품을 이쉰 의 '번개맨'들이 23분 만에 배송했다. 상하이시의 '가장 빠른 배송'은 펑 셴(奉賢)구에서 탄생했으며 46분 만에 배송이 이루어졌다. 청두에서 가 장 빠른 주문은 우허우(武侯)구에서 탄생했는데, 소비자가 주문한 지 39 분 만에 배송이 끝났다.

텐센트와
징둥의 결합

징둥 지분 매입을 선언하다

홍콩증권거래소는 2014년 3월 10일 텐센트가 2억 1,400만 달러로 징둥 주식을 매입했다고 발표했다. 텐센트는 징둥의 보통주 3억 5,167만 8,637주를 매입해 상장 전 유통되던 징둥의 보통주 15%를 차지했다.

이번 거래에서 징둥은 텐센트에게 신주를 발행하며, 거래 완료 초기 텐센트는 징둥의 지분 15%를 가지게 된다. 앞으로 텐센트는 징둥에서 기업공개(IPO)를 진행하여 IPO 가격으로 징둥의 별도의 지분 5%를 인수할 것이다. 이 인수 계획은 징둥의 IPO와 동시에 완료될 것이다.

이밖에 징둥은 텐센트의 B2C 플랫폼인 QQ왕거우와 C2C 플랫폼인 파이파이왕의 자기 자본 100%, 물류 인력과 자산, 이쉰왕의 소수 지분과 이쉰왕의 남은 지분의 권리를 매입할 예정이다. 양측은 또한 전략적 협력 협의를 체결했다. 텐센트는 징둥에 위챗과 모바일 QQ클라이언트에서 가장 좋은 유입 채널을 제공하고, 다른 주요 플랫폼을 지원할 것이다. 양측은 온라인 결제 서비스 분야에서도 협력할 것이다.

관련 링크 **텐센트 징둥 지분 매입에 관한 내부 이메일**

텐센트의 형제자매 여러분,

오늘 우리는 여러분께 중요한 전략적 의의가 있는 소식을 전하고자 합니다. 텐센트는 징둥과 전략적 투자와 협력 협의를 맺었고 징둥에 투자할 것입니다. 또한 텐센트 전자상거래지주회사 산하의 실물 전자상거래 관련 업무를 징둥에 편입시킬 것이며 징둥의 주요 주주 중 하나가 될 것입니다. 텐센트와 징둥은 앞으로 전략적 협력을 전면적이고 심도 있게 진행하고 제휴를 강화하여 전자상거래의 새 장을 열 것입니다. 이번 전략적 협력을 통해 인터넷 선두기업인 텐센트와 징둥은 더 강력한 팀을 만들 것입니다. 더 풍부한 상품을 갖추고, 규모의 경제를 실현하여 사용자에게 더 나은 서비스를 제공할 것입니다. 징둥과의 협력을 통해 텐센트는 빠르게 성장하는 실물 전자상거래 사업에 지속적으로 참여하고 결제 플랫폼을 대대적으로 발전시킬 것입니다. 또한 텐센트는 공식계정 시스템을 통해 보다 많은 판매자(O2O 판매자 포함)에게 기본적인 전자상거래 능력을 부여하고, 새로운 모바일 전자상거래 생태계를 구축하며, 징둥의 강력한 전자상거래 플랫폼과 연합하여 판매자에게 보다 전면적이고 다양한 채널을 지원할 것입니다. 텐센트 역시 가상 상품 전자상거래 서비스를 지속적으로 운영하면서 생활 서비스류 O2O 사업 포석에 최선을 다할 것입니다. 이번 강자간 연합으로, 수많은 사용자에게 더 가치 있는 제품과 서비스를 제공하고 더 많은 판매자가 인터넷 플랫폼을 빌어 더 발전할 수 있을 것입니다.

지난 9년 동안 텐센트 전자상거래 동료 여러분들의 공동 노력으로 텐센트는 무에서 유를 창조해 자신만의 전자상거래를 만들었고, 강력한 경쟁자가 구름처럼 몰려 있는 시장에서 C2C, B2B2C(Business to Business Business to Consumer) 분야의 2위로 발돋움했으며, B2C 분야에서는 3위에 올랐습니다. 특히 텐센트 전자상거래지주회사가 설립된 이후 텐센트의 전자상거래가 크게 발전해 사용자에게 양질의 서비스를 제공했을 뿐 아니라 오늘의 전략적 협력에 중요한 기반을 다졌습니다. 이 자리에서 텐센트 전자상거래 전 직원이 보여준 노고에 진심으로 감사를 드립니다! 징둥은 B2C를 기반으로 발전한 중국 최초의 자체 운영 전자상거래 기업입니다. 징 둥은 B2C 분야의 통찰력을 갖추었고, 강력한 물류 체계, 강력한 입소문, 빠른 집행 력을 지닌 발전 전망이 밝은 기업입니다. 텐센트는 강대한 사용자 유입량을 지닌 플 랫폼과 탁월한 모바일 인터넷 제품을 보유했으며, 전자상거래 플랫폼 운영 분야에 서 오랜 경험과 풍부한 인적 자원이 있습니다. 이 모든 것이 두 회사가 상생할 수 있 도록 하는 기반입니다. 두 회사가 효과적으로 결합하면 산업사슬 측면에서 거대한 시너지 효과가 발생하고 분초를 다투는 시장에서 더 많은 우위를 점할 수 있을 것입 니다. 이런 상황에서 우리가 징둥과의 협력을 선택한 것은 회사와 텐센트 전자상거 래 전직원이 더 규모 있고 더 우수한 플랫폼에서 실물 전자상거래 서비스를 발전시 킬 수 있을 것이라는 희망 때문이었습니다.

이번 전략적 협력의 영향을 받는 업무는 복잡하고 관련 인력도 많습니다. 과도기를 안정적으로 지나기 위해 텐센트 전자상거래지주회사 모든 부서의 동료들이 징둥과 긴밀하게 협력하기를 바랍니다. 우리는 징둥과 텐센트가 상호 보완을 기반으로 구 축한 더 높고 큰 새로운 무대에서 텐센트 전자상거래 전 직원이 더 많은 사용자에게 서비스하며 더 큰 가치를 창조할 것이라고 믿습니다!

최근 몇 년 동안 우리는 개방 전략, 5.18 변혁, 엄선상품 전략을 추진했고, 모바일 인터넷에 최선을 다했으며, 새로운 시장 판도와 도전에 주도적으로 대응했습니다. 이런 노력이 있어 우리는 변화 속에서도 열정과 전투력을 유지할 수 있었습니다. 앞으로 텐센트의 전략 방향은 첫째, 현재 우리의 플랫폼과 핵심 업무에 더 주력하 고 차별화된 서비스를 마련하여 핵심 플랫폼에서 사용자에게 엄선된 서비스를 제 공하는 것입니다. 둘째, 사용자 중심의 오픈 플랫폼과 생태 시스템을 만들고 산업 사슬 업다운 스트림의 우수한 협력 파트너와 손잡아 사용자에게 더 많은 경험과 가 치를 제공하는 것입니다.

우리는 하루가 다르게 변화하는 업계, 경외심이 필요한 업계, 뒤집거나 뒤집히는 업 계에 있습니다. 고객의 신뢰를 얻으려면 우리는 상품을 엄선하여야 하고 모든 것이 사용자 가치로 귀결되게 해야 합니다. 뒤집히지 않으려면 우리는 경외심을 가져야 합니다. 업계의 치열한 경쟁과 끊임없는 변화에 대응하기 위해 우리는 깨어 있는 사고를 하여야 하며, 주도적으로 변화를 꾀해야 합니다. 이것이 바로 우리가 끌어안은 인터넷입니다. 모든 것을 연결시키기 위해 노력하여 더 나은 세상을 만듭시다!

마화텅, 류츠핑 & 이사회

2014년 3월 10일

• •

융합: 직원의 급여와 복지를 그대로 유지하다

류창둥 징둥상청 CEO는 텐센트 전자상거래지주회사의 선전, 상하이 직원 전체가 움직일 필요 없이 원래 장소에서 일하도록 하고 텐센트 전자상거래지주회사가 외부에서 영입한 직원도 징둥이 전부 수용하겠다고 말했다.

징둥 관계자는 최근 몇 년 동안 징둥이 너무 빠르게 발전해 다양한 인재가 필요하기 때문에 내부 메일에 '우리는 새로 들어온 형제자매들을 환영한다.'는 문장이 생긴 것이라고 말했다. 현재 징둥은 24시간 전담 핫라인을 개통하여 텐센트 전자상거래지주회사 직원들의 어려움을 해결하고 있다.

텐센트 내부 인사는 텐센트 전자상거래 조정에 대해 자금조달팀이 이미 설립되었으며 양측의 인력자원부가 긴밀하게 소통하고 있어 곧 구체적인 방안이 나올 것이라고 밝혔다. 텐센트 전자상거래지주회사 빌딩 각 층에는 의견함이 설치되어 직원들이 의견을 제시할 수 있다.

우샤오광 텐센트 전자상거래지주회사 CEO는 거래 발표는 첫걸음이고 그 다음은 융합이라고 말했다. '통합위원회' 작업에 최선을 다해 텐센트 전자상거래팀이 전략 통합과 팀 분업 제정에 융합되고 참여하는 것을 도울 것이다. 직원에 대한 가장 큰 원칙은 텐센트와 이쉰 직원의 연봉과 복지를 낮추지 않는 것이다.

상생: 이쉰과 징둥의 물류를 상호 보완하다

협의에 따라 이쉰 주식은 소량만 징둥에 편입되어 앞으로 징둥의 완전 출자 자회사가 될 가능성이 있다. 그렇게 되면 3년 동안 이쉰왕이 두 번째 '시집'을 가는 것이다. 첫 번째는 2011년 '권세 있는' 텐센트로 '시집온' 것이다. 그러나 텐센트의 장쥔(張軍) 대변인은 이쉰왕은 독립적으로 운영될 것이라고 강조했다.

이쉰과 징둥의 결합에서 가장 눈에 띄는 부분은 물류 커버 면적이 확대된다는 점이다. 양측이 자체 구축한 물류 상황을 놓고 봤을 때 류창둥은 광둥 지역에서 시급한 것은 창고로, 징둥은 광저우 주변 도시에 대형 창고 부지를 물색했지만 적합한 곳을 찾지 못했다고 말했다. 2013년 8월, 이쉰은 10억 위안을 투자해 화난 지역에 운영 본부를 건설하고 20만 제곱미터에 달하는 물류 창고를 지어 상하이에 있는 징둥의 '아시아 1호'를 넘어설 것이며 2014~2015년에 사용될 예정이라고 발표한 바 있다.

내부 사정에 정통한 인사에 따르면, 이쉰의 창업자인 부광치와 징둥의 창업자인 류창둥은 10년 동안 알고 지낸 사이로 함께 차와 술을 마시기도 했으며 오래전 부광치와 류창둥이 두 회사의 합병 가능성을 논의한 적이 있었다고 한다.

한 투자은행 애널리스트는 이쉰이 이번에 징둥에 합병되지 않은 것은 자본 측면을 고려한 것으로 징둥 장부의 수익이 너무 나빠질 것을 염려한 것이라고 했다. 텐센트의 공고에 따르면, 지난 3년 동안 이쉰의 누적 적자는 10억 위안에 달하고, 2013년 1~9월까지 적자가 4억 3,700만 위안이었다. 징둥은 2011년과 2012년 각각 12억 8,400만 위안과 17억 2,900만 위안의 적자를 기록했지만, 2013년 3분기에 마침내 6,000만 위안의 흑자를 기록했다. 이쉰의 재무제표가 징둥에 편입된다면 징둥은 2013년에도 수억 위안의 적자를 낼 것이고 이것은 미국 IPO에 막판 스퍼트를 하고 있는 징둥에게는 불리하다.

호재: 징둥 평가액이 300억 달러에 달하다

텐센트는 공고에서 몇 개의 숫자와 시간을 밝혔다.

숫자 가운데 순자산 관련 숫자가 몇몇 나타났다. 2013년 9월 말 기준, QQ왕거우와 파이파이왕의 순자산은 3억 9,800만 위안이고, 이쉰왕의 순자산 가치는 6억 2,200만 위안이며, 징둥의 순자산은 92억 9,800만 위안이었다. 이번에 텐센트가 매입한 징둥 지분 15%는 징둥 순자산의 13억 9,470만 위안에 해당한다. 앞으로 텐센트는 IPO 가격으로 징둥의 주식 5%를 매입할 권리가 있기 때문에 이 부분의 평가는 계산하기 어렵다. 그러나 이 거래에서 텐센트의 세전 수익이 19억 3,400만 위안가량 될 것으로 보인다. 다른 측면에서 보면 이것은 텐센트 위챗의 유입 채널과 플랫폼 분야의 가치를 보여준다.

징둥 투자설명서의 자금조달 상황을 살펴보면, 징둥의 마지막 자금조달 평가액은 80억 달러 정도였지만 업계에서는 상장 후 징둥의 시가는 최소 150억 달러가 될 것이며 심지어 300억 달러라고 낙관하는 관계자도 있다.

공고에서 나타난 시간은 2015년 6월 30일이다. 이때까지 징둥이 IPO를 하지 않는다면 텐센트가 IPO 가격으로 징둥의 주식 5%를 매입한다는 '의무'가 효력을 잃게 된다. '의무'를 강조한 것은 텐센트가 징둥을 IPO 상장으로 이끈 주춧돌 역할의 투자자로서 징둥 상장에 대한 투자자의 믿음을 강화하기 위한 것이다.

제 4 장

중국 최대 게임 커뮤니티 텐센트게임즈

돈 있는 사람이 발언권이 있다는 원칙은 어디에서나 마찬가지다. 텐센트에서는 누가 대단할까? 재무제표를 보면 확실하게 알 수 있다. 텐센트게임즈는 텐센트의 4대 인터넷 플랫폼 중 하나로, 전 세계 선두의 게임 개발업체이자 운영업체이고, 중국 최대의 인터넷 게임 커뮤니티다.

텐센트게임즈의
브랜드를 분석하라

개방된 발전 모델에서 텐센트게임즈는 내부 자체 연구개발과 다원화된 외부 협력을 결합하는 방식을 취하고 있다. 세분화된 온라인 게임 시장에서 전문적인 구도를 형성하여 상당한 성과도 거두었다.

브랜드 핵심 가치

2010년 12월, 텐센트게임즈는 참신한 브랜드 이미지로 깜짝 등장했다! '마음으로 즐거움을 창조한다'는 철학으로 텐센트게임즈는 세분화된 분야에서 여러 제품을 선보였고, 다원화된 4대 플랫폼을 구축해 사용자에게 '믿을 수 있는', '즐거운', '전문적인' 쌍방향 엔터테인먼트 경험을 제공하기 위해 노력했다.

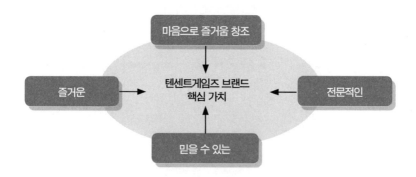

마음으로 즐거움 창조

'마음으로 즐거움 창조'는 텐센트게임즈의 구호이자 텐센트게임즈의 태도다. 여러 해 동안 텐센트게임즈는 '텐센트의 모든 것은 사용자 가치로 귀속된다.'는 경영 이념에 따라 수많은 사용자에게 성실하게 서비스했고 중국 온라인 게임산업 발전에 최선을 다했다.

믿을 수 있는

중국 온라인 게임 사용자가 가장 바라는 게임업체의 브랜드 철학은 무엇일까? 조사 결과 사용자들은 '믿을 수 있는' 게임업체를 바라는 것으로 나타났다. 믿을 수 있다는 것은 텐센트게임즈가 우수한 제품을 갖추는 것은 물론 믿을 수 있는 운영, 우수한 서비스, 사용자에게 성실한 서비스 태도 역시 갖춰야 한다는 뜻이다. 중국의 온라인 게임 산업은 신흥 산업으로 빠르게 발전했지만 사용자에게 신뢰감을 줄 수 있는 여지가 더 많다. '믿을 수 있는' 브랜드 구축이 텐센트게임즈가 중국 온라인 게임업계의 발전을 선도하는 가장 중요한 기반이 될 것이다.

즐거운

그 동안 텐센트게임즈는 세분화된 분야의 우수한 제품으로 사용자에게 다양한 즐거움을 주었다. 가볍게 즐기는 카드 보드게임, 속도를 즐기는 경주, 몽환적인 세계, 협객이 있는 강호, 피 튀는 도시 전쟁 등, 텐센트게임즈의 즐거움은 혼자서도 느낄 수 있고, 친구들과 경쟁할 수도 있으며, 더 나아가 그룹이 유쾌하게 즐길 수도 있다. 텐센트게임즈의 즐거움은 언제 어디에나 있다.

전문적인

텐센트게임즈는 사용자의 수요를 늘 관찰한다. 각 분야의 우수한 제품과 플랫폼의 장점을 결합하여 시너지 효과를 창출했고 '전문적인' 브랜드 개성을 구축했다. 온라인 게임은 사용자에게 '즐겁고', '믿을 수 있는' 모습을 보여주어야 할 뿐만 아니라 끊임없이 확장하고 혁신해야 한다. 텐센트게임즈 팀원은 작은 기능키 디자인에서 큰 배경 디자인까지 사용자에게 더 나은 경험을 선사하기 위해 세부적인 부분까지 체크하고 있으며 업계가 더 전문적이고 건강한 방향으로 발전하도록 이끌고 있다.

텐센트의 브랜드 요소

〈텐센트게임즈 로고〉

텐센트의 로고는 텐센트의 영문 첫 글자인 'T'와 게임의 영문 첫 글자인 'G'를 결합한 것으로 게임에서 자주 사용하는 방향키 4개를 모티브로 삼았다. 게임의 다양성이 결합해 하나의 게임 플랫폼을 이룬다는 뜻이 담겨 있다. 로고 디자인은 상호작용감에 주력했고, 4개 버튼에 각각 밖으로 향하는 화살표를 배치해 클릭감을 살렸다. 이는 언제 어디서나 게임을 즐길 수 있고, 언제 어디서나 즐거움을 느낄 수 있다는 것을 뜻한다. 여기에 색이 그라데이션되는 캔디 배색과 정교한 유리 질감을 살려 활력을 드러내고 있다. 또한 기업의 VI(Visual Identity)인 블루를 사용해 텐센트게임즈의 기업 문화 바탕을 형상화했다.

〈보조 이미지, 파비콘〉

다채로운 삼각형은 로고의 4개 방향에서 모티브를 얻은 것이다. 즐거움과 다양성을 상징하는 풍부한 색채를 배합해 게임의 다양함과 게임에서 뻗어 나오는 무한한 가능성을 대표한다.

텐센트게임즈 4대 플랫폼

텐센트게임즈의 4대 플랫폼은 게임 사용자에게 완벽한 즐거움을 제공하기 위해 노력하고 있다. 텐센트게임즈는 우수한 게임을 계속 출시하는 동시에 4대 하위 브랜드도 내놓았다.

텐센트게임즈 카니발(TGC, Tencent Games Carnival)

텐센트게임즈 아레나(TGA, Tencent Games Arena)

3 텐센트게임즈 길드(TGG, Tencent Games Guild)

4 텐센트게임즈 사회적 책임(TGSR, Tencent Games Social Responsibility)

〈텐센트게임즈 4대 하위 브랜드〉

텐센트게임즈 카니발

텐센트게임즈 카니발은 중국에서 유일하게 단일 게임업체가 진행하는 초대형 쌍방향 전시 활동이다. 최신 게임 테스트, 최고 수준의 e스포츠, 다채로운 현장 공연, 주변 선물 피드백 이벤트가 펼쳐지는 사용자의 카니발이다.

텐센트게임즈 아레나

텐센트게임즈 아레나는 새로운 전 국민 대전 플랫폼이다. 중량급 대전, 경량급 대전, 캐주얼 대전 등을 두루 포괄해 현재 중국에서 가장 풍부한 대전 게임 라인을 보유했다. 이곳에는 전문적인 대전, 신속한 생중계 채널, 편리한 인터넷 플랫폼이 있어 흥미로운 대전이 늘 진행된다.

텐센트게임즈 길드

텐센트게임즈 길드는 현재 유일무이의 길드 발전 플랫폼이다. 다양한 길드 전용 혜택을 제공하며, 전문적이고 공정한 실력 평가 시스템이 있어 길드 실력을 인증하는 가장 권위 있는 곳이다. 강력한 사용자 풀과 사용자 유입량, 단순하고 쉬운 보조 관리 툴이 길드의 빠른 발전을 돕는다.

텐센트게임즈 사회적 책임

텐센트게임즈 사회적 책임은 텐센트게임즈 사용자들의 따뜻한 마음을 모으는 곳이다. 2009년부터 현재까지, 전국 20개 도시에서 30여 차례 진행된 공익 자선활동은 모두 뜨거운 반응을 얻었고 따뜻한 마음을 전파하는 데 도움이 되었다. 텐센트게임즈 사회적 책임을 통해 건강하고 즐겁게 게임을 하고 마음을 나누는 즐거움을 창조할 수 있다.

제품 브랜드

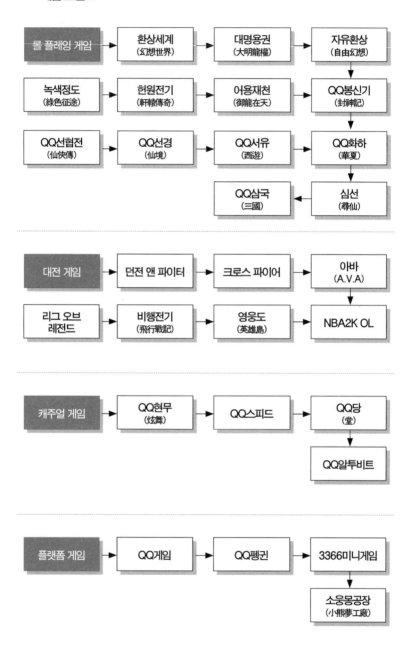

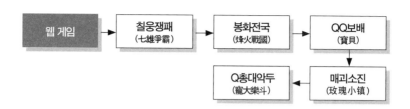

〈텐센트게임즈 제품 브랜드〉

텐센트게임즈
10년의 역사

2003년, 텐센트게임즈가 온라인 게임 분야에 진출했다는 뉴스에 아무도 주목하지 않았다. 2006년, 텐센트가 〈QQ알투비트〉를 퍼블리싱하는 것에 대해 언론은 '시험'이라고 평가했다. 하지만 모두의 예상을 깨고 텐센트게임즈는 4년 연속 중국 게임 업체 1위를 차지했고 언론은 텐센트를 '게임 산업의 거인'이라고 보도했다. 텐센트게임즈가 게임 산업에서 주목을 받은 것은 눈부신 성과나 '한 줄로 세우면 지구를 몇 바퀴 돈다'는 사용자 수 때문만은 아니다. 텐센트게임즈는 10년 동안 게임 산업에 시사점을 주었다.

4년의 모색, 3년의 부상, 3년의 발전

　　지난 10년 간 텐센트게임즈의 역사에서 놀라운 점은, 오랫동안 겨울잠을 자다가 일약 하늘로 높이 날아 올랐다는 점이다. 텐센트게임즈는 마치 치밀한 계산을 거쳐 미사일을 유도한 것처럼 정확한 궤도를 따라 목표를 향해 직진했다.

2003~2006년 ⇨

텐센트게임즈는 4년 간 부단히 모색하여, 여러 분야에서 많은 시도를 했다.
퍼블리싱: 대형 3D 온라인 게임 〈세피로스〉
자체 개발: 〈QQ환상〉, 〈QQ당〉, 〈QQ삼국〉 등
채널링: 〈화하2〉
플랫폼: 〈QQ게임〉 플랫폼
프로모션: QQ게임 전국 최강전 개최

2007~2009년	⇨	이 기간 텐센트게임즈는 빠르게 발전해 선발 주자들을 추월했다. 2007년 3분기 텐센트게임즈의 시장 점유율은 5.9%였다. 샨다 (Snda, 盛大), 왕이(網易), 정투(征途), 더나인(The9, 第九城), 주유(9you, 久遊)가 텐센트게임즈 앞에 있었다. 2009년 텐센트게임즈의 시장 점유율은 20.9%에 달해 경쟁사를 크게 앞섰다.
2010~2012년	⇨	텐센트게임즈는 새로운 단계로 올라서 브랜드화에 나섰다. '즐거운' '전문적인' '믿을 수 있는'을 브랜드 철학으로 내세워 게임업체 중 최초로 사용자와 정서적인 관계를 쌓았다. 인수합병, 사업 확대 등 방식을 통해 텐센트게임즈는 동남아시아, 한국, 미국 등으로 시야를 넓혔다. 더 중요한 것은 범엔터테인먼트 전략을 실시해 게임 주변의 영화, 음악, 문학 등 영역으로 확대하여 더 넓은 시장을 개척하기 시작했다는 점이다.

〈텐센트게임즈 10년 발전 과정〉

즐거움으로 시장의 문을 열다

텐센트게임즈의 지난 10년은 단순한 성장, 확대 등 단어로 정리되지 않는다. 텐센트게임즈는 게임 산업 고유의 '게임의 법칙'에 얽매이지 않고 변화와 조정을 끊임없이 추구하면서 혁신을 통해 자신의 산업 공간을 모색함으로써 성공의 대문을 하나씩 열어갔기 때문이다.

당시 게임업체들은 보편적으로 돈만 벌면 그만이고 게임이 반드시 명품일 필요는 없다는 태도였다. 그러나 텐센트게임즈는 명품 게임을 강조하며 이를 통해 경쟁 상대와의 격차를 벌이길 바랐다. 때문에 텐센트게임즈는 수많은 자원을 투입해 소수의 우수한 제품을 만들었다. 한 제품을 몇 년 동안 수정하고 개선해 출시했기 때문에 성공 확률이 매우 높았다.

오랫동안 '온라인 게임 운영'이 온라인 게임 산업의 '대명사'가 되었고, 운영과 연구개발은 서로 독립적이고 모순된 것으로 여겨졌다. 텐센트게임즈는 초기부터 운영과 자체 연구개발 2가지 분야의 시험을 통해 2006년 자체 개발과 퍼블리싱을 똑같이 중시하는 전략을 내놓았다. 텐센트게임즈는 시장에는 해외 명품도 필요로 하지만 단순한 퍼블리싱 모델만으로는 중국 본토 온라인 게임 사용자들의 수요를 만족시킬 수 없다고 판단했다. 텐센트게임즈는 이 전략을 오랫동안 유지했고 탁월한 효과를 거두었다. 현재, 자체 연구개발한 〈역전(逆戰, AssaultFire)〉, 〈어용재천〉, 〈투전신(斗战神, Asura)〉 등이 폭넓은 사랑을 받고 있으며, 퍼블리싱한 〈던전 앤 파이터〉, 〈리그 오브 레전드〉 등도 크게 인기를 얻고 있다.

2007년 이전, 게임업계의 제품 포지션을 살펴보면 세분화라는 개념을 찾아보기 힘들었다. 한때 롤플레잉 게임이 주류를 이뤘고 이 흐름을 역행하는 기업은 거의 없었다. 2008년, 텐센트게임즈는 시장 세분화 전략을 내걸고 〈QQ스피드〉, 〈QQ현무〉, 〈던전 앤 파이터〉, 〈크로스 파이어〉를 속속 발표했으며, 1인칭 슈팅 게임(FPS), 격투게임, 음악 댄스, 자동차 레이싱 등으로 분야를 세분화했다. 텐센트게임즈는 시장을 세분화해야 하며 경쟁 상대를 따라 해서는 안 된다고 생각했다. 텐센트게임즈의 '4대 걸작'은 모두 훌륭해 온라인 게임 동시접속자수와 운영 수입의 신기록을 계속 갈아치웠다. 이제 시장 세분화는 필수적인 것이 되었고 세분화된 전략으로 텐센트게임즈는 치열한 경쟁에서 백전백승을 거두었다.

즐거움으로 사용자를 얻다

텐센트게임즈는 끊임없이 변화하고 혁신하고 있지만 중심은 딱 하나다. 바로 사용자다. "우리의 최대 강점은 수억에 달하는 사용자의 요구를 경청하고 파악하기 위해 부단히 노력한다는 점이다."

청우(程武) 텐센트 부사장은 텐센트게임즈의 경영 철학은 '모든 것은 사용자 가치로 귀속된다.'라고 말했다. 텐센트게임즈가 10년 동안 차근차근 발전할 수 있었던 가장 큰 이유는 사용자를 중요시하고 사용자의 목소리를 경청했기 때문이다.

〈QQ게임〉은 탄생한 그날부터 새로운 게임의 법칙과 새로운 경험을 한번도 멈춘 적이 없으며 사용자가 쉽고 간편하게 게임의 즐거움을 느낄 수 있도록 했다. 〈크로스 파이어〉의 경우, 한국에서는 성적이 보통이었지만 텐센트게임즈가 레이아웃과 디자인을 수정하여 '초보 사용자도 부담 없이 참여할 수 있는 슈팅 게임'으로 만들자 사용자의 호평을 받았다.

선택권은 늘 사용자에게 있다. 텐센트게임즈는 사용자의 중요성을 잘 알고 있기 때문에 사용자 수요 조사연구 부서를 설립했다. 선진 기술과 방법론으로 사용자를 조사 연구하고 사용자의 데이터를 분석하며 사용자를 더 이해하기 위해 사용자의 학습, 업무 현장을 찾아가기도 했다. 이를 통해 사용자가 가장 원하는 최신의 수요를 파악하여 그에 딱 맞는 제품을 개발해 출시했다.

텐센트게임즈의 많은 작품, 예를 들어 〈어용재천〉, 〈로코왕국〉, 〈리그 오브 레전드〉 등이 이런 과정을 거쳐 탄생했다. 사용자가 어떤 소재, 장면, 전투 방식 등을 좋아하는지 파악했기 때문에 이것을 게임에 최대한 구현할 수 있었다. 남학생이 여자친구의 마음을 꿰뚫어 보고 '최선을 다해 준비한 선물'인데 거절할 이유가 어디에 있겠는가? 〈리그 오브 레전드〉는 제작 초기 '온라인 게임을 한 번도 해본 적이 없어도 쉽게 할 수 있어야 한다'는 구호 아래 게임의 진입 문턱을 없앴기 때문에 더 쉽게 보급되었고, 절묘한 게임 콘텐츠가 더해져 전 세계 동시접속자 수가 500만을 넘어서며 전 세계에서 가장 사랑받는 온라인 게임이 될 수 있었다.

제품을 사용자에게 오픈하는 것으로 끝난 것이 아니라 텐센트게임즈는 사용자의 '후반 경험'도 똑같이 중요하게 생각한다. 텐센트게임즈는 사용자에게 건강하고 안전하며 공평한 게임 환경을 만들어주고, 게임에 새로운 요소를 계속 주입하여 사용자 경험을 풍부하게 만들었다. 사용자에게는 '텐센트게임즈 카니발', '텐센트게임즈 아레나', '텐센트게임즈 길드', '텐센트게임즈 사회적 책임' 같은 사용자 상호작용 플랫폼, 전 국민 대전 플랫폼, 길드 발전 플랫폼, 공익 플랫폼을 마련해주었다. 텐센트게임즈가 저속한 마케팅을 펼치지 않고 마케팅 마지노선을 고수하면서 사용자에게 게임은 즐겁고 긍정적인 에너지를 준다는 새로운 인상을 수립했다는 점이 주목할 만하다.

그래서 텐센트게임즈는 인기 있는 게임을 동시에 여러 개 보유할 수 있었다. 이들 게임은 생명 주기도 훨씬 길다. 〈칠웅쟁패〉는 웹 게임 생명주기는 6개월이라는 통념을 일찌감치 깼고, 〈크로스 파이어〉, 〈QQ현무〉 등은 5년 동안 인기몰이를 한 후에도 여전히 사랑 받고 있다.

즐거움으로 산업을 바꾸다

주도적으로 산업에 영향을 끼치고 변화하지 않는다면 항상 따라가고 적응하느라 피곤할 뿐 아니라 실수 한 번에도 도태될 수 있다. 샨다는 모두에게 운영이 왕이라는 것을 가르쳐주었고, 완메이스쿵(完美時空)은 연구개발만 잘해도 생존할 수 있다는 것을 알려주었다. 텐센트게임즈는 다른 측면의 생각, 즉 어떻게 하면 산업을 더 규범화하고 성숙하게 할 수 있을까를 생각했기 때문에 건강한 게임, 세분화된 시장, 명품 전략, 퍼블리싱과 자체 연구개발, 브랜드 위주 등 시대적 의미가 있는 경영 철학을 제시할 수 있었다.

업계 관계자는 텐센트게임즈가 통찰력을 갖고 산업에 영향을 미칠 수 있었던 이유를 그들이 최근 몇 년 동안 고수한 범엔터테인먼트 전략 덕분이라고 말했다. 텐센트게임즈의 범엔터테인먼트 전략에 따라 게임은 제9의 예술로 승화되었고 경영 범위도 애니메이션, 문학, 음악, 영화의 여러 분야로 확대되었다.

"온라인 게임은 인간의 본성이다. 온라인 게임은 음악, 댄스, 영화와 텔레비전, 연극 등 전통 예술 영역을 참고하고 부딪치면서 결국 하나로 융합될 것이다." 청우 부사장은 범엔터테인먼트가 새로운 추세이지만 그래도 우리는 신중할 것이라며 "올해는 텐센트게임즈가 10주년이 되는 해로 인터넷 인터렉티브 엔터테인먼트 분야를 이제 막 시작했다."고 말했다.

텐센트게임즈는 여러 분야의 준비를 마친 상태다. 디즈니, 슈에이샤(Shueisha), 반다이(Bandai) 등 협력 파트너의 아이디어 또는 작품이 텐센트 오리지널 애니메이션 플랫폼으로 끊임없이 유입되고 있다. 작곡가 탄둔(譚盾), 만화가 차이즈중(蔡志忠), 교수 인홍(尹鴻), 연출가 루촨(陸川), 바둑 기사 구리(古力) 9단 등의 각 분야 대가들이 텐센트게임즈의 음악, 애니메이션, 캠퍼스 아이디어 대회, 바둑 분야에서 협력하고 있다. 텐센트게임즈는 중국 기원, 중국 예술연구원, 중국 무용가협회와 전략적 협력 관계를 맺었다. 그들은 바둑 대회와 문화 보급, 영화 텔레비전 등 다양한 예술 연구, 댄스 대회 및 '유행 댄스 문화' 보급에서 텐센트게임즈와 긴밀하게 협력할 것이다.

범엔터네인먼트는 도전적인 면이 있지만 무한한 가능성이 있다. 전반기 10년 동안 게임 산업이 야만적으로 성장했다면 앞으로 10년은 '범엔터테인먼트'가 도처에서 꽃을 피우고 즐거움이 영원한 테마가 될 것이다.

텐센트게임즈의 발전 요소

2013년 11월 12일, 가오리(高莉) 텐센트게임즈 마케팅부 부사장은 텐센트게임즈가 최근 힘을 발휘한 이유를 3가지로 분석했다.

첫째, 제품을 잘 선택했다. 백만급 대작 모두 규모가 작았을 때 계약했다. 제품 자체는 하나의 중요한 요소로, 이들은 모두 블루오션 제품이었다.

둘째, 텐센트가 새로운 게임 시장을 창조했다. 텐센트 같은 플랫폼이 나오자 중국의 온라인 게임 사용자, 특히 초보 사용자가 크게 늘어났다. 텐센트의 진입으로 블루오션 시장의 점유율이 확대되었다.

셋째, 텐센트게임즈는 겉으로 보기에는 게임 퍼블리싱 모델이지만

안을 들여다 보면 자체 개발 능력과 관련된 것이 많다. 또한 텐센트 전체 플랫폼의 연구개발, 운영 및 배급 능력, 텐센트게임즈가 연구개발팀에 투입하는 인력과 자금, 퍼블리싱팀 운영에 쏟는 자원은 중국 인터넷 업계에서 규모가 가장 크다.

텐센트게임즈의
발전

기세등등한 알리바바의 '모바일 게임 선언'은 조용히 돈을 벌고 있던 텐센트게임즈도 나서서 무슨 말을 해야 한다는 필요성을 느끼게 했다. 반격이라고 할 수 없지만 텐센트게임즈가 알리바바를 겨냥해 내놓은 반응 속에는 예전에는 공개되지 않았던 정보와 2014년 모바일 게임 퍼블리싱 계획이 크든 작든 공개되었다. 왕보(王波) 텐센트게임즈 부사장은 기자와의 인터뷰에서 텐센트 모바일 오픈 플랫폼의 수익 분배 비율을 밝혔다. "외부에서 떠도는 9:1 비율은 절대 아니다." 왕보 부사장은 "포석을 위한 포석을 할 수는 없다."고 말했다.

독점 퍼블리싱, 비즈니스 협력 모델로 진입하다

2013년 3월 7일, 텐센트 모바일 게임 플랫폼이 과거의 독점 퍼블리싱에서 전혀 새로운 비즈니스 협력 모델로 진입했다. 퍄오옌리(朴彦丽) 텐센트게임즈 당시 상무부사장은 텐센트게임즈 플랫폼의 '새로운 게임의 법칙'에 따라 텐센트는 오픈 SDK[1] 제공, 채널링, 독점 퍼블리싱을 포함한 입체적이고 다원화된 협력 모델을 출시하여 모바일 게임 개발자를 전면 수용할 것이라고 밝혔다. 또한 SDK 프로세스를 규범화, 투명화, 고효율화하여 텐센트 모바일 게임 플랫폼에 접속하는 모든 제품이 원활한 업그레이드 메커니즘을 보유하고 자원 배치를 할 수 있게 할 것이라고 소개했다.

오픈 SDK 제공, 채널링, 독점 퍼블리싱 3가지 협력 모델 가운데 오

---

1   Software development kit, 소프트웨어 개발 키트. 사용자의 개발 상의 불편함과 시간을 줄여주기 위해 제조사가 하드웨어와 툴을 함께 제공하는 소프트웨어 일체를 말한다.

폰 SDK 제공의 수익 배분 비율은 7:3이고, 채널링은 6:4이며, 독점 퍼블리싱은 별도로 협의한다.

텐센트게임즈의 '창'

텐센트 모바일 게임 오픈 플랫폼의 수익 분배율 기준은 협력 형식에 따라 3단계로 나뉜다. 오픈 SDK 제공의 경우 수익 배분 비율은 7:3이다. 좋은 제품과 회사를 만나면 텐센트도 상응하는 자원을 투입하는 채널링 모델을 취하는데, 이때 비율은 6:4이다. 혁신적 성격이 강한 제품을 독점 퍼블리싱할 때의 수익 분배율은 공개되지 않았다.

이전, 알리바바가 모바일 게임 운영 계획을 발표했을 때 알리바바의 수익 분배 기준은 콘솔게임 협력자의 경우, 첫해는 알리바바가 무료로 서비스하고, 채널링의 경우 8:2를 취하는 조건이었다. 20%는 운영 비용과 사용자 보너스에 사용하고 게임 개발자는 70%를 가져가며 나머지 10%는 농촌 교육 사업 지원에 사용한다. 알리바바는 텐센트를 겨냥해 모바일 게임 산업에서 텐센트의 독주 체제를 깨려고 했다.

텐센트는 모바일 게임 콘텐츠 사업자(CP)와의 수익 분배율을 한 번도 공개한 적이 없었다. 린쑹타오(林松濤) 당시 텐센트 오픈 플랫폼, 모바일 앱 플랫폼 사장은 텐세트의 트래픽 집중 배분 플랫폼인 잉융바오(應用寶)의 앱 수익 배분 비율은 7:3으로, 개발자가 70%, 텐센트가 30%라고 말했다. 텐센트의 광뎬퉁(廣點通) 플랫폼을 통한 광고 수입은 모두 개발자가 갖는다.

수많은 콘텐츠 사업자에게 텐센트와의 협력은 매우 매력적인 것으로 그 이유는 겉으로 드러나는 수익 분배 비율에만 있지 않다. 2013년 홍콩 증권거래소 성장기업시장(GEM)에 상장한 게임기업인 IGG의 천즈 상(陳智祥) 부사장은 텐센트의 강점을 2가지로 꼽았다. "첫째 방대한 사용자 기반과 게임 사용자이다. 둘째 텐센트는 개발업체와 끊임없이 협의하고 전문적인 의견을 제시한다."라고 말했다. 리보(李波) 이둥(藝動) 엔터테인먼트 CEO는 콘텐츠 사업자는 방대한 유저 풀과 출시 품질을 가장 중요하게 여긴다며 "게임을 아는 회사가 대신 출시해주길 바란다. 모든 회사가 게임 DNA를 가진 것은 아니고, 플랫폼이 유입시키는 사용자가 모두 우리가 필요로 하는 사용자인 것은 아니다. 과거 경험으로 봤을 때 유입된 사용자에게 게임 DNA가 없으면 콘텐츠 사업자에게는 안타까운 일이다. 방대한 사용자를 유입시켰지만 데이터는 이상하게 차이가 날 때도 있다."고 말했다.

텐센트게임즈의 '방패'

텐센트도 2014년 출시 전략을 적절하게 공개하고 모바일 오픈 플랫폼의 대문을 열어 텐센트라는 바구니에 도대체 무엇이 담겨 있는지 외부에 공개했다.

린쑹타오 사장은 잉융바오가 개발자들에게 오픈 인터페이스를 제공함으로써 텐센트의 수억이 넘는 트래픽을 지닌 플랫폼(위챗, QQ, QQ존, 모바일 QQ, QQ브라우저, 모바일 집사(手機管家), PC 집사)의 강력한 트래픽이 플랫폼에 배분된다고 소개했다.

왕보 부사장이 공개한 데이터에 따르면, 모바일 게임 플랫폼이 회사

내 모바일 사용자 유입량 관련 플랫폼을 모두 통합했다. 사용자 유입량이 가장 많은 것은 위챗으로 최근 위챗에서 유입된 사용자는 2억 7,000만이고, PC를 포함한 QQ 사용자 수는 8억 2,000만, Q존은 6억 2,000만으로 50% 이상이 모바일의 앱에서 비롯되었다. 개발 단계에서 텐센트는 텐센트 클라우드, 위챗 공식계정, 텐센트 지도 등을 통합해 개발자에게 사이트 구축, 운영 보수 등의 서비스를 제공했다. 운영 부분에서는 SNS를 통해 개발자의 제품 홍보를 돕고, 모바일 SNS의 정보 흐름을 공유했다. 수익 부분에서는 텐센트 모바일 광고연맹에서 거둔 풍부한 광고 자원을 개발자와 공유해 개발자의 사용자 유입량이 현금으로 전환되도록 했다.

리보 CEO는 "텐센트 플랫폼은 사교성이라는 강한 특징이 있다. QQ의 밀착력 높은 사교성의 결과물이 바로 잉융바오로 일반적으로 사용자는 판매자가 추천해준 것보다 친구가 추천해준 게임을 더 믿는다."라고 말했다. 또한 그는 알리바바가 사업에 게임을 추가한 것은 반가운 일로 업계에 생기를 불어넣을 것이라고 덧붙였다.

텐센트가 발표한 자료에 따르면, 2013년 텐센트 오픈 플랫폼에서 1억 위안 이상 수익을 거둔 개발자는 10명에 달하고, 월매출 1,000만 위안이 넘는 앱이 26개에 달하며, 월매출 100만 위안이 넘는 곳은 100개가 넘는다.

그러나 이 수치가 텐센트가 모바일 게임에서 순항하고 있다는 뜻은 아니다. 왕보 부사장은 지난 1년 동안 텐센트도 많은 길을 돌아왔고 그 이유는 주로 내부적인 문제였다며 "과거 온라인 게임, 웹 게임의 발전은 일정한 틀을 갖고 있었지만 모바일 게임은 통제할 수 없는 요소가 많다.

외부에는 애플, 구글의 앱스토어처럼 통제 범위 밖에 있는 외부 플랫폼이 있기 때문에 내부에 새로운 프로세스를 구축해 새로운 내부를 건설할 수 밖에 없었다."고 말했다.

왕보 부사장은 현재 모바일 게임 시장은 시작 단계로 캐주얼 게임이 많이 출시되고 있다고 말했다. 텐센트는 2가지 방법을 사용할 것이다. 하나는 다양한 사용자를 겨냥해 세분화된 수요를 만족시킬 수 있는 제품을 운영하는 것이고, 다른 하나는 사용자의 감성적 경험을 만족시키고 상호작용을 강화하는 것이다.

텐센트는 좌로, 바이두는 우로, 알리바바는 관망

게임은 텐센트가 제일 자신 있는 분야로, 지난 10년 동안 쌓은 경험을 바탕으로 현재 중국 게임산업의 절반을 차지하고 있다. 게임 분야의 지위는 위챗과 모바일 게임의 발전으로 다시 강화되었다. 단순한 게임인 〈천천혹포(天天酷跑)〉는 위챗과 모바일QQ 등 플랫폼을 바탕으로 월 매출 3억 위안을 기록했다.

2014년 1월 26일, 알리바바가 모바일 게임 플랫폼 진출을 대대적으로 선언한 뒤 모바일 타오바오 게임 센터를 출시하면서 〈풍광적완구(瘋狂的玩具)〉를 선보였다. 1개월 반 뒤 이 게임은 타오바오의 대대적인 지원으로 가장 좋은 위치를 차지했지만 다운로드 횟수는 50만 건에 불과했다. 이에 비해 앱스토어인 91주서우(助手)의 상위 7개 모바일 게임의 하루 평균 다운로드 수는 900만 건에 달했다. 이로써 알리바바는 소리만 요란하게 질러 상대를 교란하려는 것일 뿐 애매한 태도로 관망하고 있다는 것을 알 수 있다.

바이두의 방법은 조금 다르다. 바이두아이완(百度愛玩) 플랫폼은 바이두 검색창에 '온라인 게임'을 입력하면 바이두아이완이 나타나는 중간 페이지[2]다. 사용자가 바이두 검색창에 '온라인 게임'을 입력하면 인기 게임 순위, 업종별, 종류별로 분류된 정보를 취합해 보여주는 것이다. 이렇게 원클릭으로 중간 과정을 뛰어넘어 원하는 것에 도달하는 것은 사용자 경험을 크게 향상시켜 게임 애호가들이 '검색 즉시 즐길 수' 있게 했다. 바이두아이완의 오픈은 사실상 스마트하고 정확한 바이두 검색 기술을 바탕으로 한 것이고 바이두 창립자 리옌훙(李彦宏)의 중간 페이지 전략을 기반으로 한 바이두 '상업지심(商業知心)' 철학이 게임에 나타난 것이다.

텐센트는 왼쪽, 게임업계의 전통적인 방법을, 바이두는 오른쪽, 자신의 중간 페이지 전략을 기반으로 게임업계로 확장해 상업지심을 게임 분야에 접목시켰다.

---

2   中間頁. 바이두 창립자인 리옌훙이 제시한 검색 엔진과 기존 산업의 중간 형태로 서비스한다는 전략이다.

제 5 장

텐센트 온라인 교육

인터넷과 쇼핑이 만나 전자상거래 분야의 수많은 전설이 탄생했고, 인터넷과 제조업이 결합해 '샤오미(小米)' 같은 대표작이 탄생했다. 다시 인터넷이 금융을 끌어안아 택시 호출로도 '돈을 벌 수 있게' 되었고, 언제 어디서나 재테크가 가능해졌다. 이제 인터넷이 교육업계로 눈을 돌리자 자본시장이 먼저 들썩거렸다. 화핑(華平), 팡즈(方直)과학기술, 치밍(啓明)정보, 다디(大地)미디어, 취안퉁(全通)교육 등 온라인 교육 테마주가 오름세를 보이고 있다.

텐센트,
온라인 교육에 진출하다

텐센트는 온라인 교육이라는 큰 파이를 놓고 자신의 강력한 플랫폼을 이용해 개척하려 하고 있다.

텐센트, 콰이이뎬을 통해 온라인 교육 분야에 진출하다

2011년 11월 17일, 텐센트와 유양미디어(優揚傳媒, Uyoung), 중국 온라인 교육 분야의 신예 선두기업인 콰이이뎬(快易典)은 공동으로 '로코왕국' 브랜드를 개방형 교육 플랫폼으로 구축할 것이라고 발표했다. 이는 텐센트가 콰이이뎬을 빌어 온라인 교육 분야에 진출한다는 것을 의미한다.

텐센트는 이번 콰이이뎬과의 협력은 '로코왕국'이 온라인 교육 분야로 첫걸음을 내디딘 것이라고 밝혔다. 콰이이뎬은 인터넷과 미디어, 온라인 교육을 어떻게 효과적으로 융합할지가 앞으로의 중요한 과제라고 지적했다.

관계자는 텐센트가 콰이이뎬을 통해 온라인 교육 분야에 진출한 것은 콰이이뎬이 축적한 방대한 학생 사용자 풀을 눈여겨봤기 때문이며, 콰이이뎬의 사용자는 미취학 아동에서 초등학교, 대학교까지 학습의 전 단계를 아우르고 있다고 설명했다. 콰이이뎬 학생용 컴퓨터의 주요 타깃 사용자는 텐센트 '로코왕국'의 시청자와 밀접하게 맞물린다. 두 기업의 이번 협력은 진정한 강자간 연합이라고 할 수 있다.

텐센트, 유양, 콰이이덴의 이번 협력은 '로코왕국'이 온라인 교육 분야로 진출한 첫걸음으로 인터넷, 미디어, 온라인 교육이 효과적으로 융합되기 시작했다는 것을 뜻한다. 다른 업종간 연합이 어떻게 우위 효과를 발휘할 것인지, 텐센트가 앞으로 온라인 교육 분야에서 어떤 역할을 할 것인지에 관심이 집중되고 있다.

관련 링크 선전시 콰이이덴기술유한공사

선전시 콰이이덴기술유한공사는 중국 온라인 교육 분야의 신예 선두기업으로 학생용 컴퓨터, 전자사전, 전자펜 등 청소년 교육 관련 전자제품을 연구개발, 제조, 판매를 하고 있다. 콰이이덴 제품은 미국, 독일, 영국, 프랑스, 스페인 등 21개 국가와 지역에 판매되고 있으며 각국 사용자의 지지와 신뢰를 받고 있다. 콰이이덴의 주력 제품인 학생용 컴퓨터는 풍부한 교육 콘텐츠와 판권 자원으로 유명하다. 신제품인 '정지도학(情智導學)' 시리즈 학생용 컴퓨터에는 IQ와 EQ를 높일 수 있는 '정지도학 이론'이 도입되어 학생의 IQ와 EQ를 동시에 높이고 학습 태도를 바르게 잡아주어 업계 관계자들이 획기적인 제품이라고 입을 모았다. 텐센트가 콰이이덴과의 협력을 선택한 것은 남다른 안목을 보여준 것이다.

텐센트가 출시한 Q친 교육, 업계 반응 적어

텐센트의 Q친(群) 교육 모델을 업계 관련 제품과 비교하면 텐센트 온라인 교육의 기본적인 윤곽을 알 수 있다. 텐센트는 클라이언트에서 음성 기초 서비스 제공업체의 역할을 강화했다. 단순하게 온라인 교육의 측면에서 보면 텐센트는 교육 기초 서비스 제공업체의 역할을 하고 있고 텐센트가 QQ와 웹에서 교육 제품을 강화하면서 이런 역할이 점점 두드러질 것이다.

텐센트 온라인 교육의 중심은 강의와 쌍방향 토론 부분으로, 다른 교육 서비스는 제3자 개발사에게 넘길 가능성이 크다. 강의와 쌍방향 토론 부분은 바이두, 알리바바, 텐센트의 3대 선두기업이 온라인 교육 분야에서 경쟁을 피할 수 없는 핵심 분야다.

강의 부분을 살펴보면 대다수 인터넷학교나 교육기업의 오프라인 강의를 녹화한 뒤 온라인으로 그대로 옮겨온 동영상 강의로 교육 과정을 채우고 있다. 이런 강의는 상호작용이 전혀 없어 최악이다. 텐센트의 온라인 교육 모델은 이런 부족한 점을 보완한 것으로, 선생님이 강의하는 동영상을 방송하면서 학생들과 쌍방향으로 교류하는 생방송 강의다. 이런 강의는 내용이 풍부하고 교육 과정에도 큰 변화를 주게 되어 더 세분화된 맞춤형 커리큘럼을 갖춘 장기 교육 서비스의 탄생에 기여할 것이다.

텐센트 같은 체급의 온라인 교육 플랫폼 출현은 중국 온라인 교육의 발전을 대대적으로 이끌 수 있다. 특히 K12[3] 분야가 그렇다. 이 분야는 많은 스타트업이 하고 있지만 어려운 상황이다.

관련 링크 텐센트 교육, 동영상을 핵심으로 콘텐츠 자체 개발

BAT(바이두, 알리바바, 텐센트)가 온라인 교육에 포석을 깔았다. 텐센트는 반 박자 늦은 경향이 있다. 과거에 조금 시도하기는 했지만 온라인 교육과는 거리가 있었다. 긍정적인 것은 텐센트는 온라인 교육에 계속 관심을 갖고 콘텐츠 자체 연구개

---

3 kindergarten through twelfth grade의 약자로 유치원에서 초중고 12년까지를 말한다.

발을 강조했으며 최근에 양질의 커리큘럼을 많이 출시했다는 점이다. 그러나 외부에서 봤을 때 투자 대비 수익은 미미하다. 강의 전 나오는 동영상 광고 몇 초가 수입원일 수도 있다.

현재 텐센트의 온라인 교육에는 텐센트 명품강의, 텐센트대학, 텐센트 대강당, 텐센트 미강당, 텐센트 사형회(思享會) 등이 있고 지금도 열어볼 수 있다.

텐센트의 온라인 교육 구성에 대해 설명하려면 2011년 초, 당시 하버드대학교 공개강의가 전 세계적으로 유행했고 왕이(網易)의 공개강의가 중국인의 눈길을 끌었던 것을 언급해야 한다. 그래서 텐센트스핀(騰訊視頻)도 타오커(淘課) 채널을 선보였다. 같은 해 10월 19일 오전, 텐센트는 빠른 시일 안에 오리지널 강의 동영상인 〈텐센트 미강당〉을 선보이겠다고 발표했다. 〈텐센트 미강당〉을 위해 200제곱미터 규모의 스튜디오와 전문 녹화 설비에 수백만 위안의 자금을 투입했다. 〈텐센트 미강당〉은 유명 언론인 뤄전위(羅振宇)가 총 기획을 맡았고, 인터넷판 〈백가강단[4]〉 형식을 빌린 중국 최초의 공개강의 형태로 만들어진 중국인이 강의하고 네티즌에게 방송하는 오리지널 동영상 강좌로 시리즈물 제작 방식으로 만들었다.

〈텐센트 미강당〉은 고품질 동영상 콘텐츠를 내놓았고 사용자 유입량도 많았지만 좋은 시절은 길지 않았다. 인터넷 선두기업들이 동영상 분야로 뛰어들면서 〈텐센트 미강당〉의 영예도 점차 희미해졌다. 현재 미강당의 첫 페이지는 다소 촌스럽고 2011년 출시된 콘텐츠가 여전히 추천 콘텐츠에 올라 있다. 재생 횟수가 200만 회에 달하지만 시청자의 참여 빈도는 매우 적고, 지지, 반대, 평가 등의 기능을 사용하는 사람도 거의 없다. 2013년 9월, 텐센트는 다시 한 번 움직여 텐센트 명품강의를 출시했다. 이것도 미강당과 마찬가지로 텐센트스핀 하위 카테고리에 속하지만 독립적으로 운영되는 듯하다. 텐센트스핀의 첫 페이지에서 관련 링크를 찾아볼 수 없기 때문이다. 텐센트 명품강의는 미강당의 전통을 따라 고품질 강의 콘텐츠를 자체 연구개발하고 계속 업데이트할 것이다.

텐센트대학, 텐센트 대강당, 텐센트 사향회의 출시 날짜는 명확하지 않다. 2014년 1월 18일 기준, 텐센트 대강당에는 강좌 살롱 총 154개, 동영상 강좌 254개, 강좌 PPT 533개, 관련 글 808편이 올라와 있다. 텐센트 대강당은 형식 면에서 봤을 때

---

4   百家講壇, 중국 중앙텔레비전방송국(CCTV)에서 방영한 강연 프로그램이다.

자원을 취합하고 비즈니스 계층을 겨냥할 것이다. 텐센트 사형회는 공개강의 플랫폼과 비슷하게 사상적이고 학술적인 면이 강하다.

텐센트가 출시한 몇 개의 학습 플랫폼 중에서 기자들이 가장 긍정적으로 평가한 것은 텐센트대학으로, 텐센트대학은 인터넷 업계의 전문적이고 권위 있는 학습 자원 제공에 주력하기 때문에 포지션이 매우 뚜렷하고 교육 대상도 온라인 교육 수용 능력과 수강료 지불 능력이 있는 사람들이 될 것이다. 텐센트대학 사이트는 매우 깔끔하다. 첫 페이지에 전자상거래 학원, 오픈 플랫폼 학원, 인터넷 학원이 있다. 출시된 지 얼마 안 되어 강의 콘텐츠가 수십 개에 불과하고 전부 무료 강의이며 학생 수도 많지 않다. 현재 텐센트대학은 수익을 내지 못하지만 기존 영향력을 바탕으로 텐센트의 채널을 이용해 온라인과 오프라인을 연결하면 앞으로 수익 성장 포인트가 될 수 있을 것이다.

과거, 사람들은 웨이보와 위챗 등 플랫폼에서 교육 사업이 전망이 있다고 보지 않았다. 그러나 플랫폼에서도 '잔재주'를 부릴 수 있는 사람이 있게 마련이다. Q쵠으로 하는 교육 사업은 이전 버전에서 성공한 사례가 있었다. 따라서 지금 이 버전을 내놓은 것은 금상첨화라고 할 수 있다. 물론 텐센트에게는 수익 창출의 압박이 있기 때문에 어쩔 수 없이 수익 모델을 고려해야 한다. 위챗도 지금은 돈을 벌지 않는가? 결론적으로 현재 온라인 교육에서 텐센트는 주로 동영상을 공략하고 있고, BAT 중 텐센트가 유일하게 강의를 자체 연구개발하고 있다. 지금은 온라인 교육이 기업에게 수익을 가져오지는 않지만 텐센트의 혁신 능력과 수익 능력은 모두가 익히 알고 있기 때문에 온라인 교육 분야에서 머지 않아 수익을 낼 것이며 그때가 어쩌면 2014년이 될지도 모른다.

관련 링크 기존 교육기관, 인터넷적 사고를 어떻게 이용할 것인가

BAT로 대표되는 인터넷 기업의 가세로 기존 교육 종사자들은 크게 당황했다. '개혁을 안하면 죽음을 기다리는 것이고, 개혁을 하면 죽음을 자초하는 것이다.' 온라인 교육 열풍 속에서 위기의식을 느낀 기존 교육기관들은 가만히 앉아서 죽기만 기다리고 있지 않았다. 신둥팡(新東方)과 쉐다(學大)교육 등으로 대표되는 선두기업이 현재 인터넷을 적극적으로 포용하고 있다. 쉐다교육은 온라인 분야에 1억여 위안을 투입할 계획이라고 발표하기도 했다. '전복되느냐'와 '혁명 당하느냐'의 도전 앞에서 기존의 교육 선두기업들은 어떻게 온라인 교육에 반격을 가할 것인가?

진입 장벽이 높은 분야 중 하나인 교육업계는 인터넷이라는 큰 파도 앞에서 자기 생각만 하면 안 된다. 인터넷의 힘이 기존 학원 분야로 침투하고 있는 마당에 오프라인학원 위주였던 기존 교육기관은 과학기술의 도전을 어떻게 받아들이고, 인터넷적 사고를 어떻게 이용해야 할까?

인터넷적 사고에서 중요한 것은 개방과 공유로 기존 교육기관은 우선 자신의 한계성을 깨달아야 한다. '교육을 아는 사람은 인터넷은 모르고, 인터넷을 아는 사람은 교육을 모르는' 상황에서 다른 업종과 협력해 파이를 키우지 않을 이유가 어디 있는가? 기존 교육기관은 인터넷의 무료와 저가 전략을 배워 '뼈를 깎는' 결심으로 자기 혁명을 완성할 수 있을까?

물론 이 모든 것은 새로운 비즈니스 모델 위에 구축해야 한다. 기존 교육기관은 자기가 할 수 있는 것을 최대한 잘해야 한다. 기존 교육기관이 할 수 없거나 효율이 낮은 것은 인터넷에 넘기면 된다. 이렇게 해야 기존 교육기관이 인터넷의 충격에도 무너지지 않는다.

··

QQ췬, 교육 분야의 준비를 단단히 하다

텐센트의 QQ 2013 공식 버전인 SP5버전에 온라인 교육이 포함되었다. 텐센트 측은 췬스핀(群視頻, 그룹 동영상)에 추가된 교육 모델은 원격교육에 적합하게 제작되었고, PPT 보기를 추가해 원격 회의도 할 수 있다고 했다. QQ 2013 공식 버전인 SP5 버전에서 온라인 교육에 최적화된 부분은 새롭게 추가된 교육 모델과 PPT 보기로, 이 변화의 영향력은 크다.

이에 대해 업계 관계자는 텐센트가 준비를 많이 했다며, QQ췬의 교육 모델이 내놓은 신호는 강렬했다고 말했다.

QQ췬에 교육이 추가되자 사용자들은 이 기능을 실생활에 빠르게 활용했다. 얼마 전 베이징시 징산(景山)학교의 초중고교에서는 QQ췬 원격수업을 테스트했다. 베이징시에서 스모그 적색 경보를 내리면 전교생이 원격교육을 통해 집에서 수업을 받는 것이다. 이 학교는 베이징시에서 처음으로 QQ췬 교육 기능을 이용한 원격 교육을 예비안으로 내놓았다.

관련 담당자는 텐센트 QQ췬은 교육 문제만이 아니라 인터넷 교육 환경 문제 해결에도 큰 공헌을 했다고 말했다. 사용자는 QQ췬에 모여 동영상 채팅과 PPT 보기 기능을 통해 온라인 교육을 받을 수 있다. QQ췬 교육이 교실을 인터넷으로 옮긴 매우 성공적인 사례다.

텐센트의 강점은 온라인 교육 종사자의 소통 수요를 파악하는 능력으로 플랫폼, 기관, 판매자, 구입자가 모두 QQ 시스템 내에 있기 때문에 텐센트는 공평하고 권위 있는 소비 환경만 마련하면 된다. 텐센트 QQ췬의 업그레이드 버전인 QQ첸런췬(千人群)이 이 점을 더 강화했다. 이동 단말기에서 QQ의 강점이 텐센트가 온라인 교육을 하는 데 유리한 환경을 마련해주었다. 이제 어떻게 하면 플랫폼 자원을 통합해 시너지 효과를 발휘하게 할 것인가가 텐센트가 시급히 해결해야 할 문제다.

QQ 상업화의 얼음을 깰 온라인 교육

텐센트 QQ 상업화는 시급히 해결해야 할 부분이었다. 현재 커뮤니티게임, 유료 스티커, QQ회원 등 유료 서비스를 제외하고는 뚜렷한 수익 모델이 없다. 이것 때문에 업계에서는 텐센트가 수억의 사용자를 가졌어도 새로운 수익을 창출할 공간을 찾지 못했다고 본다. 그래서 온라인 교육은 QQ 상업화의 얼음을 깨는 작업일 수도 있다.

텐센트가 하려는 것과 가장 쉽게 성공할 수 있는 것이 플랫폼이다. 텐센트에게 플랫폼은 검증된 성공 모델이다. 텐센트 QQ친 교육도 교육 플랫폼이고, 각 교육기관과 교육계 스타들이 입주하는 날이 텐센트 QQ 상업화가 성공하는 날이다.

외부에서는 텐센트 QQ가 온라인 교육에 힘을 쏟는 것을 상업화를 향한 새로운 돌파구라고 보고 있다. 애널리스트들은 텐센트 QQ가 출시한 QQ친 교육 기능은 대중성과 개방성을 지닌 플랫폼을 만들려는 것이라고 지적했다. 현재 중국에서 콘텐츠를 제작하는 인터넷 교육 기업들이 매우 어려운 시기를 보내고 있는 상황에서, 텐센트가 자신의 장점을 이용해 새로운 길인 플랫폼 노선을 걷는 것은 실패할 가능성이 매우 적다. 텐센트는 QQ 플랫폼 사용자와 사용자 유입량을 이용해 세분화된 시장에서의 우위를 더욱 튼튼하게 하고 QQ친 교육 동영상 등 기능을 이용해 업계에서 입지를 다질 것이다.

QQ는 결제 기능도 도입할 것이다. 이것은 온라인 교육에 더 많은 가능성을 열어 줄 것이다. 수강생은 더 편리하게 결제할 수 있고, 교육 서비스 제공자는 강의료를 합리적으로 책정할 수 있다. 이 모든 것은 텐센트와 사용자가 협의할 부분이며 비즈니스 모델이 마련되었으니 이제 필요한 것은 시간과 상상력이다.

텐센트대학 공식 오픈, 교육 플랫폼의 꿈을 이룰 수 있을까

2014년 2월 말, 텐센트대학이 공식 오픈했다. 텐센트대학은 전자상거래, 인터넷 관련 교육 과정이 있는 온라인 교육 플랫폼이고 또한 QQ 췬이 교육 모델을 업그레이드 한 이후 텐센트가 교육 분야에서 진행한 새로운 포석이다.

〈텐센트대학 홈페이지〉

엄격하게 말해서 텐센트대학은 새로운 상품이라고 할 수 없다. 텐센트대학은 텐센트 HR 시스템에 속한 텐센트학원이 개발한 것으로, 이전부터 텐센트 오픈 플랫폼의 협력 파트너였다가 최근에야 대외에 공식 오픈한 것이다.

제품 형태를 보면, 교수 방향에 따라 크게 전자상거래학원, 오픈 플랫폼 학원, 인터넷 학원의 3가지 유형으로 나눌 수 있다. 현재 교육 과정은 많지 않다. 온라인 교육 과정은 100여 개로 전부 무료이며 모두 주문형 비디오 형태다. 공식사이트 소개에 따르면, 곧 생방송 교육 과정을 내놓을 예정이다.

온라인 교육 과정 외에 텐센트대학은 오프라인 교육 과정도 있다.

이전에도 '텐센트 전자상거래 MBA반' 등 같은 내부 교육 과정이 있었다.

온라인 교육에 대한 텐센트의 야심은 기업 교육처럼 단순하지 않다. 개인 소비자 시장이 더 넓기 때문이다. 이것은 텐센트대학 오픈에서도 알 수 있다.

주목할 만한 점은 텐센트대학이 이미 플랫폼 형태를 기본적으로 갖췄다는 것이다. 교육 자원을 더 많이 도입하기 위해 둬베이(多貝)와 001기 창업 공개강좌 같은 제3자와 협력을 시작했다.

지금의 유형에서 벗어나 더 많은 교육 과정을 도입한다면, 이런 플랫폼 형태는 매우 낯이 익지 않은가? 그렇다. 타오바오 퉁쉐(淘寶同學)와 바이두교육이 이런 형태다.

소식에 따르면, 2013년 초 텐센트는 온라인 교육 플랫폼인 찬커(傳課)와 협상 중이며 투자를 통해 찬커와 QQ 플랫폼을 긴밀하게 통합할 의사가 있다고 했다. 텐센트 교육 채널에 있는 텐센트 명품강의도 소형 교육 플랫폼이라고 할 수 있다. 여기에는 대학교 공개 강의 외에도 시험, 양성 과정 류의 강의도 많은 비율을 차지하고 있다.

Q췬 교육은 시도가 좋고, 제품 설계도 정교해 교육 사용자의 수요를 끌어낼 수 있으며, 교육 플랫폼에 적합한 제품과도 상호 보완할 수도 있다. Q췬 교육은 온라인 학습 수요와 그룹 내 요구를 즉각적으로 해결했지만 품질에 대한 요구는 그다지 높지 않아 소규모 온라인 교육에 적합하다. 교육 플랫폼에는 다음 3가지 게임의 법칙이 있다.

첫째, 바이두교육처럼 오프라인 과정 위주로, O2O에서 오프라인으로 향한다.

둘째, 고품질 동영상, 생방송 강의를 제공한다.

셋째, Q천 교육의 수업 위주, 판매 위주의 강연 과정과 달라 플랫폼
에 더 적합하다.

텐센트가 교육 플랫폼의 꿈을 이룰 수 있을지는 자원 분배에 달려
있다. 텐센트는 교육 분야에 관심이 있지만 여러 부서가 다양한 제품을
개발하고 있고 기능적으로도 교차되는 부분이 있다. 텐센트대학도 좋고,
텐센트 명품강의도 좋고, 더 나아가 그 신비한 플랫폼급 제품이 추세를
형성할 수 있을지는 더 지켜봐야 한다.

온라인 교육의
새로운 블루오션

인터넷이 초포화 상태인 오늘날, 온라인 교육은 얼마 남지 않은 미개척 분야로 인터넷 선두기업이 쟁탈전을 벌이는 새로운 블루오션이 되었다. 인터넷 선두기업들은 온라인교육기관과 사이트와 공동으로 자체 연구개발한 온라인 교육 제품을 속속 출시하고 있다. 업계 인사는 현 상황으로 봤을 때 온라인 교육업계의 치열한 경쟁은 '무료전'으로 나타날 것이며, 앞으로 온라인 교육 시장은 빠르게 발전할 것이라고 전망했다.

온라인 교육, 인기를 끌다

2013년 기존 교육기업이 온라인으로 영역을 확장하기 시작하면서, 인터넷 관계자가 개설한 교육 사이트, 예를 들어 위안티쿠(猿題庫), 91와 이자오왕(91外教網) 등이 우후죽순처럼 생겼다. 2013년 2월 25일, 게임 라이브 채팅으로 발전한 환쥐스다이(歡聚時代, YY Inc.)가 산하의 온라인 교육 사업을 분할해 '100교육'이라는 독립 브랜드를 설립하고 완전 무료인 실시간 온라인 쌍방향 강의 서비스를 제공할 것이라고 발표했다.

소식에 따르면, '100교육'은 앞으로 2~3년 동안 제품 개발과 운영에 10억 위안을 투자할 계획이다. 1차 제품은 기존 오프라인 교육기관들이 벌어들이는 수입의 70%를 차지하는 해외 유학 영어 분야를 공략하여 빠른 시일 안에 토플, IELTS 외국어 강화 과정을 출시하고 이후 세분화된 분야를 커버하는 강의 과정을 출시할 예정이다.

"인터넷이라는 도구를 이용하고 인터넷적 사고를 통해 새로운 시각으로 교육에 접근한다면 산업 전체의 판도를 뒤엎는 변화를 가져올 것이다." 환쥐스다이 대표이사이자 샤오미(小米) 창립자인 레이쥔(雷軍)은 이렇게 예상했다.

리쉐링(李学凌) 환쥐스다이 CEO는 기자에게 '100교육'의 브랜드 포지션은 유명 강사가 있는 온라인 교육 플랫폼이라고 말했다. 현재 환쥐스다이 플랫폼에서 3만 명이 넘는 강사가 활약하고 있으며, 이 가운데 월수입 1만 위안이 넘는 강사가 127명에 달하고, 한해 유료 학생 수를 비교하면 2013년 12월 동기 대비 3.4배 증가했다.

관련 링크 환쥐스다이 소개

환쥐스다이(NASDAQ: YY)는 2005년 4월 창립해 2012년 11월 나스닥에 상장된 전 세계 최초의 차세대 통합 커뮤니케이션 서비스인 RCS(Rich Communication Suite) 운영업체로 전 세계에 완벽한 RCS 서비스 제공에 주력하고 있다. '사람들의 소통 방식 변화'가 기업 철학인 환쥐스다이는 핵심 서비스인 YY 음성, 둬완유시왕(多玩遊戲網)과 YY게임이 빠르고 안정적으로 발전했다. 환쥐스다이는 젊은이의 열정으로 혁신적인 기술을 적용하여 전 세계를 커버하는 RCS 네트워크를 구축하는 것이 목표다. 회사 본사는 광저우 양청(羊城)창의단지에 위치하며 주하이(珠海), 베이징, 상하이에 자회사가 있고, 현재 직원 수가 1,000명이 넘는다.

리치 커뮤니케이션은 사람들이 시간, 청각 더 나아가 촉각, 후각 등을 통해 텍스트, 음성, 동영상 등을 자유롭게 전송하며 소통할 수 있는 기술로, 인간의 가장 자연스러운 소통 방식을 환원하는 것이 목표다. 환쥐스다이는 끊임없는 기술 혁신으로 리치 커뮤니케이션 발전을 선도할 것이다.

환쥐스다이

시각　청각

RCS

촉각　후각

YY.COM

온라인 교육, 새로운 경쟁을 유발하다

인터넷 쇼핑, 지도, 금융 상품에서 요즘 뜨겁게 가열된 택시 예약 앱 대전까지, 인터넷 선두기업들이 오래전부터 다양한 분야에 진출했다는 것을 알 수 있다. 환쥐스다이가 산하의 온라인 교육 사업을 분할해 '100 교육' 브랜드를 설립하기 전, 인터넷 선두기업들도 온라인 교육 사업에 진출해 자체 연구개발한 온라인 교육 관련 제품을 출시했고, 온라인 교육기관, 사이트와 협력해 전략적 협력 협의를 맺기도 했다.

2014년 2월 17일, 알리바바는 테마색(Temasek) 홀딩스, 치밍(啟明) 투자와 공동으로 세계적인 온라인 교육 플랫폼과 온라인 영어 교육기관인 튜터그룹(Tutor Group)에 약 1억 달러를 투자했다. 알리바바는 또한 '타오바오 퉁쉐' 플랫폼을 출시했다. 바이두와 텐센트도 이에 뒤지지 않았다. 바이두는 2013년 '바이두교육' 플랫폼을 자체 구축하고 교육 양성 제품의 트래픽 분배와 온라인 생방송을 시작했고, 이후 온라인 교육 플랫폼 찬커왕에도 투자했다. 텐센트는 '미강당'과 '명품강의' 등 온라인 강의 플랫폼이 있다.

중국경제망(中國經濟網)과 모바일학습정보망(移動學習資訊網)이 공동 발표한 〈온라인 교육 전망 및 이슈 분석 보고〉 통계에 따르면, 2013년 온라인 교육업계에 수십 억의 자금이 투자되었고 하루 평균 2.6개의 기업이 늘어나 한 해 동안 1,000여 개의 기업이 신설되었다.

장이(張毅) 이미디어리서치 CEO는 온라인 교육은 아직 시작 단계로, 콘텐츠 품질과 제품의 상호작용에 대한 요구가 높아 초기 비용이 높고 일정한 투자 기간이 필요하다고 말했다. 현재 많은 기업이 아직도 투자만 하고 있는 상황이며 몇 년 동안 수익이 나지 않을 전망이다.

업계 관계자는 선두기업들의 영역 확보 경쟁이 점점 치열해지고 있다며 이번에 환쥐스다이가 내놓은 '무료' 토플, IELTS 강화 강의는 인터넷 선두기업이 온라인 교육 시장 점유율을 높이기 위한 첫 번째 총알에 불과하고 이후 선두기업들은 각자의 무기를 내놓을 것이며 '무료전'으로 업계 경쟁이 가속화될 것이라고 전망했다.

영역 다툼에 바쁜 인터넷 선두기업들

"이것은 현재까지 온라인 교육에 대한 투자로는 세계 최대 규모다." 2014년 2월 27일, 튜터그룹 산하 브랜드인 브이아이피 에이비씨(VIP ABC)의 양정다(楊正大) CEO는 알리바바그룹, 테마섹 홀딩스, 치밍투자의 1억 달러에 가까운 2차 투자에 대해 이렇게 말했다.

양정다는 기자에게 세계 최대 영어 온라인교육 플랫폼인 브이아이피 에이비씨는 이번 투자금을 아시아에서의 지위 확보와 미주 시장 확대에 사용할 것이라고 말했다. 청소년 온라인 교육 플랫폼인 브이아이피 에이비씨 주니어(VIP ABC JR)를 출시하여 청소년 영어 학습과 해외 유학 시장에 대한 포석을 깔았다.

이틀 전, 환쥐스다이는 온라인 교육 자매 브랜드인 '100교육' 출시를 선언했다. 레이쥔 환쥐스다이 대표이사는 '100닷컴'의 도메인 구입에만 약 600만 위안을 들였다며 현재 업계 전체가 미친 듯이 자금을 쏟아붓는 추세라고 말했다.

누구의 비즈니스 모델이 최후의 승자가 될 것인가

현재 중국에서 비교적 성공적으로 운영되고 있는 플랫폼을 살펴 보면, 온라인 교육은 간단하게 '수업 전 결제'와 '수업 후 결제' 2가지 방식으로 나눌 수 있다.

수업 전 결제는 상대적으로 이해하기 쉽다. 브이아이피 에이비씨, 타오바오 퉁쉐 등은 먼저 결제를 해야 상응하는 교육 과정과 콘텐츠를 제공한다. 모델은 비슷하지만 수익률의 높고 낮음에서 차이가 있다. 양정다는 기자에게 "온라인 교육은 크게 두 종류로 나눌 수 있다. 하나는 자습형 교육으로 콘텐츠를 이용해 아이들이 어디에서나 공부할 수 있다. 다른 하나는 선생님의 실시간 상호작용을 제공하는 것으로 우리가 하는 것은 후자다."라고 말했다. 업계 관계자는 "보편적으로 브이아이피 에이비씨같이 쌍방향식 강의가 수익률이 더 높다. 콘텐츠는 제작하면 복제의 위험이 있다. 자습형 교육 컨텐츠는 한 학생이 하나 사서 반 전체 친구들이 돌려 볼 수 있지만 선생님이 라이브로 강의하는 것은 대체하거나 빌려주기 어렵다."고 말했다.

다른 한 종류는 '현금화' 방식이 잘 드러나지 않는다. 세계 최대 온라인 공개 수업(MOOC) 플랫폼인 코세라(Coursera)가 대표적이다. 이 플랫폼의 강의는 무료고 수업 관련 자원도 무료다. 코세라와 협력 대학이 공동으로 발급하는 증서만 유료다.

코세라 공동 창립자인 앤드류 응(Andrew Ng)은 코세라는 협력 대학이 학생에게 발급하는 전자 졸업증을 대리 판매할 것이며, 전자 졸업장은 PDF나 링크드인(LinkedIn), 페이스북, 구글 플러스(Google+) 등 SNS 사이트에서 공유할 수 있다고 말했다. 여기에는 학점은 기록되지 않지만 학생이 수료한 과정이나 능력 등급을 증명한다. 또한 코세라는 학생들에게 유료 시험 서비스를 제공한다. 세계적으로 유명한 또 하나의 온라인 교육 플랫폼인 유다시티(Udacity)도 이런 모델을 채택했다. 유다시티는 유료 시험의 부정행위 가능성을 낮추어 증서의 신뢰도를 높였다.

이밖에 코세라는 학생과 고용주(캠퍼스 구인광고)를 연결해준다. 학생은 고용주가 보낸 취업 공고 정보를 받을 수 있고, 고용주는 해당 학생을 사무실로 초청해 능력을 테스트할 수도 있다. 유료 과외, 채점 등 사람이 직접 해야 하는 서비스, '적절하고, 간섭이 없는 시각 광고' 형태의 강의 협찬과 캠퍼스 내의 온라인 수업료도 코세라에 많은 수익을 안겨주고 있다.

이렇게 전장은 날로 발전하고 있지만 출전자들의 수익 모델은 불분명해 앞으로 몇 년 동안은 '악전고투'를 피할 수 없을 것으로 보인다.

온라인 교육은 '인터넷'과 '교육' 두 다리로 가야 한다

"중국의 온라인 교육은 여전히 성장기지만 시장은 넓다." 톈쓰위(田思雨) 칭커(清科)연구센터 애널리스트는 이렇게 말했다. 2012년, 중국 온라인 교육 시장 규모는 700억 위안을 돌파했다. 이와 동시에 인터넷 사용자 수 증가, 인터넷 환경 개선, 기술 진보 및 모바일 단말기 규모 확대 등이 온라인 교육 시장의 지속적인 성장을 자극할 것이다.

그러나, 온라인 교육은 수익 회수 주기가 불확실하기 때문에 업계는 앞으로 실력 있는 대형 창업투자회사를 선별할 것이다. 톈쓰위는 "온라인 교육 분야의 투자는 '인터넷'과 '교육'이라는 두 다리를 동시에 이용해 걸어야 한다. 즉 인터넷도 알아야 하고 교육 관련 양질의 자원도 갖춰야 한다. 이것은 온라인 교육 투자에 보이지 않는 '문턱'을 만들어 투기 자본을 깨끗하게 밀어낼 것이다."라고 말했다.

관련 링크 **온라인 교육 벤처캐피털 일람표**

기업명	투자기관	지역	투자시기	투자 화폐 종류	투자 금액 (100만)	회차
튜터그룹	사이버에이전트 벤처스(CyberAgent Ventures), 알리바바, 치밍투자, 테마섹 홀딩스	중국, 타이베이	2014.2.19	달러	100.00	B
이치쭤예 (一起作業)	디지털 스카이 테크놀로지(Digital Sky Technologies), 타이거 펀드(Tiger Fund)	베이징	2014.2.18	달러	20.00	C
베이펑왕 (北風王)	샹펑(祥峰)그룹	상하이	2014.2.12	달러	1.00	A
카이커바 (開課吧)	쿤중(昆仲)자본	베이징	2014.1.23	위안화	10.00	A
제모두이 (芥末堆)	전거(眞格)펀드	베이징	2014.1.16	위안화	1.00	–
쥔텅(駿騰)	텐센트산업공영기금	베이징	2014.1.3	위안화	–	–
줴성왕 (決勝網)	비공개 투자자	베이징	2013.12.24	달러	1.00	A

우유(無憂)영어	DCM자본, 순웨이(順爲)펀드	베이징	2013.12.13	달러	12.00	C
모팡(魔方)영어	거비(戈壁), 비공개 투자자	베이징	2013.10.23	위안화	8.00	–
치지만터(奇迹曼特)디지털예술인터넷학교	비공개 투자자	베이징	2013.10.1	위안화	–	A
TPO샤오잔(小站)교육	비공개 투자자	상하이	2013.10.1	달러	1.00	A
이치쮀예	순웨이펀드, 전거펀드	베이징	2013.9.1	달러	10.00	B
위안티쿠	IDG자본, 징웨이(經緯)중국	베이징	2013.8.1	달러	7.00	B
윈즈타(雲之塔)	텐치아미배(天奇阿米巴)투자	베이징	2013.8.1	위안화	1.00	–
촨커왕	바이두 투자부	베이징	2013.7.31	달러	1.00	B
싱솨이(邢帥)인터넷학원	비공개 투자자	윈난	2013.7.11	위안화	15.00	A
91와이자오	비공개 투자자, 왕이자본	베이징	2013.7.10	달러	4.00	A
부피루(不披露)	리딩(力鼎)자본	베이징	2013.7.1	위안화	8.00	A
우유영어	DCM자본	베이징	2013.6.28	달러	2.00	B
후장왕(滬江網)	비공개 투자자	상하이	2013.6.26	달러	20.00	B
워잉즈창(我贏職場)	전거펀드	베이징	2013.6.21	위안화	1.00	–
쉐바오탕(說寶堂)	비커스 벤처 파트너스(Vickers venture partners), 퀄컴 벤처스(Qualcomm ventures), UMC캐피털	상하이	2013.6.5	달러	10.00	A
91와이자오	전거펀드	베이징	2013.1.1	위안화	1.00	–
부피루	주이(久奕)자본	후난	2013.1.1	위안화	15.00	A
촹신훠반(創新夥伴)	비공개 투자자	베이징	2013.1.1	위안화	1.00	–

주: A, B, C차 자금조달은 보통 1, 2, 3차를 말한다. A차는 1차이다. 기업에게 1차 자금조달은 매우 중요하다. 사업이 발전하고 확대되어야 후속 자금조달이 이어진다.

업계 관계자의 전망

신기술은 전 세계 교육의 경기장을 평준화시켰고, 모바일 인터넷 발전 역시 기존 교육기관에게 압력을 주었다. 이 혁명은 많은 사람의 목숨을 앗아갈 것이다. 중국의 공립대학, 대학 교수, 신둥팡 등이 모두 타격을 받을 것이고, 학원 교육 분야의 오프라인 모델도 일부는 인터넷 교육으로 대체될 것이다. 앞으로 3~5년이 지나면 학원 교육에서 오프라인 교육이 60%, 온라인 교육이 40%를 차지하게 될 것이다.

— 위민훙(俞敏洪)
신둥팡교육과학기술그룹 대표이사

이것은 고위험, 고투입, 고회수, 저성공률의 함정이다. 많은 사람이 이 길에서 죽을 것이다. 온라인은 오프라인과 다르다. 오프라인은 작은 교육기관으로도 생존이 가능하고, 주변 지역 시장만 잘 다지면 된다. 반면 온라인은 규모화가 비교적 쉽다.

— 궁하이옌(俞敏洪)
스지자위안(世紀佳緣) 창립자, 초중교 교육자원 플랫폼 티쯔왕(梯子網)

베이징 중관(中關)촌에서 항공항천대학교를 중심으로 원을 그리면 3킬로미터 반경 안에 있는 온라인 교육 기업 수가 100개는 될 것이다. 온라인의 목적은 오프라인을 소멸시키는 것이기 때문에 같은 팀에서 할 수 없다. 아니면 다른 회사를 설립해야 한다. 올해 업계에서는 부익부 빈익빈 현상이 나타날 것이고, 1,000만 달러급 투자가 이뤄지지 않으면 지속하기 어려울 것이다.

— 쑨웨이(孫偉)
베이징 항공항천대학교 소프트웨어학원 원장

온라인 교육 시장이 폭발적으로 발전하고 있지만 현실적인 어려움도 있다. 업계 관계자는 "교육을 하는 사람은 인터넷을 모르고, 인터넷을 아는 사람은 교육을 할 줄 모른다."고 말했다. 온라인 교육 시장에 진출한 인터넷 강자, 인터넷 스타트업은 사용자 유입량이 강점이고, 이것은 그들의 고유 자원이다. 반면 콘텐츠가 주요 제품인 회사들은 어떻게 사용자 유입량을 확보하고 또한 상대적으로 짧은 산업사슬에서 사용자 유입량을 어떻게 현금화시키느냐가 시급히 해결해야 할 문제다.

하오웨이라이(好未來)가 최근 발표한 재무제표에 따르면, 2013년 온라인 사업에서 650만 달러의 적자를 기록했고, 온라인 교육 매출이 전체 매출의 3%에 불과했다. 그룹이 계속 투자를 확대하면서 2014년 온라인 사업의 적자도 확대될 것으로 보인다. 신둥팡은 수익 현황을 공개하지 않았지만 지금은 분명 고투입기일 것이다.

"사실 온라인 교육은 어려운 업종이다. 그 이유는 이익이 제일 많은 교재, 시험, 강의 등을 모두 기존 사업자가 갖고 있고 인터넷 기업이 하는 것은 채널, 제품 등 전형적인 '힘들고, 더럽고, 피곤한' 일이기 때문이다." 업계 관계자는 온라인 교육이 꽃을 피우려면 기술, 자금, 시간이 더 필요하다며 종사자들이 교육 발전 방향을 확실하게 파악하고 기존의 교육 구도에 대한 통찰이 더 필요하다고 말했다. 기존 교육 모델

'전복'의 사명은 온라인 교육과 오프라인 교육이 손잡고 함께 해야 한다.

제6장

텐센트, 강자들과 겨루다

인터넷 선두기업인 텐센트는 다양한 '능동전'과 '수동전'을 피할 수 없다. 능동전은 자신의 실력을 확대하기 위해 주도적으로 나서는 것이고, 수동전은 상대의 도전에 맞서기 위해 어쩔 수 없이 받아들인 '도전장'이다. 물론 시장 경쟁은 원래 이렇다. 생존하려면 발전을 추구해야 하고 늘 '전쟁' 상태에 있어야 한다. '전쟁을 하지 않으면' 죽지만 '전쟁'을 하면 일말의 생존 기회를 얻을 수 있기 때문이다. '싸울수록 용감해졌기 때문에' 텐센트는 계속 유지될 수 있었다.

통신업체와의 게임

"위챗을 하지 않으면 당신은 아웃이다." 최근 위챗 사용량이 늘어나면서 인간 관계에서 위챗을 빼놓을 수 없게 되었고 텐센트와 통신업체(차이나텔레콤, 차이나모바일, 차이나유니콤)의 시장을 둘러싼 게임도 점차 가열되었다. 2013년 3월, 통신업체는 유료화로 텐센트를 압박하기 시작했고 누가 승리를 거둘지에 업계의 관심이 모아졌다.

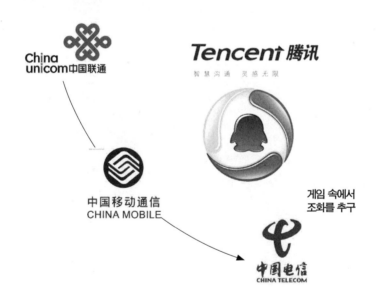

통신업체의 기존 서비스, 타격을 입다

2013년 3월, 리웨(李躍) 차이나모바일 총재는 2012년 실적 발표회에서 "위챗이 트래픽을 증가시켰다고 우리의 이익을 빼앗길까 걱정할 필요는 없다. 우리는 다른 사람이 우리의 기반을 빼앗는다고 욕해서는 안 된다. 문자메시지도 우체국의 연하장 시장을 빼앗지 않았는가? 기술의 발전은 필연적인 것이다. 다만 우리는 기술 발전으로 인한 영향을 연구해야 한다."고 말했다.

2012년 말, 리웨는 통신업체의 기존 서비스가 OTT(Over The Top)[5] 기업 때문에 큰 타격을 받고 있다며 통신업체가 기존에 서비스하고 있던 문자메시지, 음성 더 나아가 국제전화 업무까지 큰 도전을 받고 있다고 말한 적이 있다. 얼마 뒤 루이민(陸益民) 차이나유니콤 총재도 위챗이 통신업체에게 큰 도전을 안겨주었다고 말했다. 차이나모바일과 차이나유니콤의 태도에서 통신업체들이 위챗에게 심각하게 압박당하고 있다는 것을 알 수 있다.

공업신식화부 통계에 따르면, 2012년 전국의 휴대전화 문자메시지 발송량은 8,973억 1,000만 건으로 전년 대비 2.1% 증가해 4년 만에 최저치를 기록했다. 반면 위챗은 폭발적인 증가 추세를 보였다.

2012년 초, 텐센트가 출시한 위챗은 완전 무료였다. 위챗을 발송할 때 생산되는 인터넷 데이터 사용료는 통신업체가 받는다. 덕분에 위챗 사용자는 6억이 넘었고, 중국의 12억 휴대전화 사용자 가운데 텐센트 위챗의 침투율은 50%에 달한다.

통신업체들도 비슷한 자체 서비스를 내놨다. 차이나모바일은 '페이랴오(飛聊)', 차이나텔레콤은 '이랴오(翼聊)', 차이나유니콤은 '워유(沃友)'를 선보였다. 그러나 이들 서비스는 텐센트 위챗 앞에서는 '계륵'에 불과하다.

---

5   인터넷을 통해 사용자에게 다양한 응용 서비스를 제공하는 것을 말한다.

1. 페이랴오

페이랴오는 모바일 통신 소프트웨어로, 모바일 인터넷을 통해 음성 메시지, 사진, 문자를 무료로 발송할 수 있다. 1대1 채팅과 그룹 채팅이 가능하다. 평소에 문자메시지를 주고 받는 것처럼 간편하다. 현재 페이랴오 사용자는 페이랴오 모바일 사용자, 페이랴오 이메일 사용자, 페이랴오 유니콤/텔레콤 사용자가 있다.

〈페이랴오 아이콘〉

페이랴오 모바일 사용자: 차이나모바일 휴대전화 번호를 연결한 페이랴오 사용자를 말한다.

페이랴오 이메일 사용자: 이메일을 통해 페이랴오나 페이신(飛信)에 등록하고, 휴대전화를 연결하지 않은 페이랴오 사용자를 말한다.

페이랴오 유니콤/텔레콤 사용자: 차이나유니콤이나 차이나텔레콤 휴대전화 번호를 연결한 페이랴오 사용자를 말한다.

2. 워유

'워유'는 차이나유니콤이 출시한 인스턴트 메시지 기반의 새로운 인스턴트 통신 서비스로, 모바일 인터넷 사용자에게 소통과 정보 취합 서비스를 제공한다. 즉, 워유는 모바일 또는 PC에서의 채팅 앱으로 음성 채팅을 지원하면서 동시에 문자, 스티커, 사진, 동영상 등 발송을 지원한다.

〈워유 아이콘〉

워유의 기본 기능은 사용자 연락처를 기반으로 하는 인스턴트 메시지다. 현재 1대1 인스턴트 메시지, 문자메시지, 음성, 그룹, 채팅방, 친구 및 연락처 관리, 멀티미디어 문서 전송, 라디오, 웨이보 모아 보기 등 기능이 있다.

3. 이랴오

이랴오는 차이나텔레콤이 출시한 인터넷을 통한 무료 음성메시지, 동영상, 손글씨체, 사진, 문자 발송과 문자메시지, 음성 통화, 전화 회의 등 여러 통신 서비스를 제공하는 모바일 채팅 소프트웨어. 사용자는 이랴오를 통해 언제 어디서나 친구들과 다채로운 소통을 할 수 있다.

〈이랴오 아이콘〉

. . . .

통신업체, OTT 서비스 유료화를 꾀하다

2013년 2월, 공업신식화부는 OTT 서비스가 통신업체에 미치는 영향에 관한 회의를 열었다. 차이나텔레콤, 차이나모바일, 차이나유니콤 3대 통신업체가 모두 출석했다. 그로부터 한 달 뒤, 공업신식화부는 3대 통신업체와 OTT 관련 기업을 초청해 내부 회의를 열고, 위챗이 통신업체의 네트워크 자원 점용에 관한 문제를 논의했다.

그러나 3대 통신업체는 OTT 서비스 개방 후 통신업체 보조 정책에 대해 각각 다른 의견을 내놓았다. 특히 차이나유니콤은 반대 의견을 냈다. 사실 차이나모바일은 2G 시대에 모바일 QQ의 메시지와 트래픽이 망을 '통째로 삼켜' 버려 어려움을 겪었다. 차이나유니콤과 차이나텔레콤은 3G망 면에서 차이나모바일보다 뚜렷한 우위를 보이지만, 휴대전화 사용자 수는 차이나모바일과의 격차가 커서 데이터 트래픽 부담이 상대적으로 덜하다. OTT 기업에 대한 '압박'을 강화하면 차이나모바일이 보조금을 더 많이 받을 것이기 때문이다. 어쩌면 이런 이유로 차이나유니콤이 지나치게 높은 보조를 반대하는 것일 수도 있다.

소식에 따르면, 중국 3대 통신업체가 현재 텐센트와 협상을 벌이고 있다고 한다. 주요 내용은 텐센트의 OTT 서비스 관리감독 방안과 OTT 서비스 비용 징수 방법에 관한 것이다. 그러나 3대 통신업체는 당분간 공식 협상을 하지 않겠다는 답변을 내놓았다. 텐센트도 위챗이 사용자에게 돈을 받는다는 말은 순전히 헛소문이라고 반응했다.

해외 사례를 살펴 보면, 통신업체의 OTT 서비스에 대한 유료화가 가능성이 없는 일은 아니다. 한국방송통신위원회는 한국 통신업체의 관련 요청을 비준해 한국 통신업체는 OTT 음성 서비스 제공업체에게 관련 비용을 받을 수 있게 되었고, OTT 음성 트래픽을 '차단'할 수 있으며, OTT 음성 서비스 제공업체에게 망을 개방하지 않을 수 있다.

위챗, 차이나텔레콤과 동맹을 맺다

통신업체들이 '엄청난 재앙'이라고 여기는 위챗이 차이나텔레콤의 동맹이 되었다. 2013년 7월 10일, 차이나텔레콤은 농촌 스마트폰 사용자를 위해 '농촌 499휴대전화'를 출시해 가격 마지노선을 파괴했다. 그중 텐이(天翼)모바일 가격은 399위안으로 위챗 기능과 100위안의 선불 요금이 포함되었다. 이렇게 통신 요금제와 위챗을 결합한 모델은 업계에서 처음 있는 일이었다.

업계 관계자는 차이나모바일, 차이나유니콤 양대 통신업체와 비교해 차이나텔레콤은 농촌 지역의 3G망 커버율 면에서 상대적으로 강세를 띤다고 말했다. 통신 요금을 살펴보면, 현재 차이나텔레콤의 농촌 통신 요금이 도시 사용자에 비해 15~20% 낮은 수준이다.

차이나텔레콤이 출시한 '위챗 모바일'은 시기적절했다. 2013년 7월 1일부터 공식 시행된 〈노인 권익 보장법〉에는 노인과 따로 사는 가족 구성원은 노인을 자주 찾아가야 한다고 규정했다. 이런 시기에 차이나텔레콤이 농촌 모바일을 출시한 것은 이런 수요와 맞아떨어진다.

차이나모바일, 앱 클라우드 개발 플랫폼 출시

텐센트와 차이나모바일이 위챗 유료화를 놓고 벌이는 게임이 날로 뜨거워지고 있다. 텐센트는 강력한 자원을 바탕으로 자신을 군중과 시장 속으로 감추는 데 성공했고, 차이나모바일을 대표로 한 통신업체가 소비자의 비난을 받도록 만들었다.

이같은 OTT 서비스가 통신업체의 기초 통신 서비스를 침식하는 것에 대해 한 네티즌은 '도로에 차가 많다고 그 차에게 도로 교통비를 별도로 받을 수는 없다.'고 꼬집었다. 차이나모바일도 억제할 수는 있어도 막을 수는 없다는 것을 안다. 2013년 9월, 차이나모바일은 앱 클라우드 개발 플랫폼인 MM 클라우드 개발 플랫폼을 선보였다. MM클라우드 개발 플랫폼은 차이나모바일 MM 앱 마켓 생태계 건설을 위한 중요한 프로젝트 중 하나로, 비 IT 분야의 콘텐츠 기업과 개인을 모바일 인터넷으로 유입시키기 위한 것이다.

앱 클라우드 개발 플랫폼은 일종의 앱 속성 제작 플랫폼으로 이전에도 많은 인터넷 기업이 이 분야를 시도했고 아이콘화된 조작 인터페이스와 빠르고 간편하다는 철학을 내세워 중소기업 사용자, 오리지널 콘텐츠 달인을 끌어모았다. 그러나 아직 인지도가 높은 플랫폼이 나타나지 않았기 때문에 차이나모바일의 진출은 괜찮은 선택이었다.

다른 플랫폼이 업계 솔루션에 치중한 것과는 달리, MM 클라우드 개발 플랫폼은 콘텐츠 제공업체와 음악, 소설, 동영상 툴 같은 개인 엔터테인먼트에 더 무게를 두었다. 개인 경험 면에서 차이나모바일은 MM 앱 마켓을 오픈해 앱 시장의 비용계산 방법, 데이터 통계, 앱 푸시를 기반으로 한 비즈니스 모델을 제공했다. 차이나모바일이 이후 앱 보급을 위한 기술과 채널을 제공할 수 있다면 많은 기업과 개인에게는 괜찮은 선택일 것이다.

문자메시지를 '업그레이드'해 '위챗'을 만들다

'다른 사람에 의해 혁명을 당하느니 차라리 내가 혁명을 하는 것이 낫다.' 이 말이 현재 차이나모바일의 솔직한 심정일 것이다. 2014년 2월, 차이나모바일은 삼성, 소니, 화웨이, 쿠파이(酷派), 칭청(靑橙) 등 5개 단말기 협력 파트너와 공동으로 '통합 커뮤니케이션' 서비스를 출시했다. 사용자는 별도의 앱을 설치하지 않고도 위챗을 사용하는 것처럼 데이터 트래픽을 통해 문자, 사진, 위치 정보 등을 발송할 수 있다. 소식에 따르면, 이 서비스는 2014년 4분기에 상용시험에 들어가 2015년에 전면 상용화될 계획이다.

이로써 차이나모바일이 현재의 문자메시지를 '업그레이드'해서 '위챗'을 만들고 있으며, 음성 문자메시지 서비스에 의존하던 것에서 트래픽 운영으로 전환하고 있다는 것을 알 수 있다.

2014년 모바일 월드 콩그레스(MWC)에서 차이나모바일은 '통합 커뮤니케이션' 서비스를 공식 선보였다. 이것은 휴대전화에 있는 '통화', '메시지', '연락처'를 새로운 통화, 새로운 메시지, 새로운 연락처로 업그레이드하는 것이다. 이렇게 되면 사용자는 다른 앱을 별도로 깔지 않아도 왓츠앱(WhatsApp), 아이메시지(iMessage), 위챗 등에 문자, 사진, 위치 정보 등을 직접 발송할 수 있다.

관련 자료에 따르면, 통합 커뮤니케이션은 차이나모바일의 기존 서비스에 비해 3가지 면에서 혁신을 이루었다.

새로운 통화	4G 시대의 음성 통화 기술 우위를 바탕으로 단순한 음성 통화에서 고화질 영상통화, 원클릭 그룹 통화 등으로 업그레이드되었다.
새로운 메시지	기존의 MMS, 문자메시지 발송 서비스를 휴대전화 메시지 화면으로 전환해 데이터 트래픽을 통해 문자, 사진, 위치 정보 등을 직접 발송할 수 있다. 데이터망이 없는 상황에서도 문자메시지를 발송할 수 있다.
새로운 연락처	연락처가 한층 인터넷화되었다. 그룹, 개인 명함, 인터넷 주소록 등 기능이 포함되었다.

〈통합 커뮤니케이션의 3가지 혁신〉

통합 커뮤니케이션은 사용자가 위챗 등 각종 OTT 서비스를 사용하지 않아도 되도록 했다. 이것은 차이나모바일이 마침내 문자메시지 등 기존 서비스의 수입을 포기하고 데이터 트래픽 운영으로 전면 전환했다는 것을 뜻한다. 그러나 차이나모바일은 문자메시지를 포기한 것이 아니라 그저 서비스를 업그레이드한 것이라고 말했다.

"이것은 차이나모바일의 방어 행동으로 모바일 인터넷 기업의 OTT 공세에 반격하기 위한 것이다."루전왕(魯振旺) 완칭(萬擊)컨설팅 CEO는 이렇게 말했다. 그러나 통합 커뮤니케이션의 칼날이 위챗에 향해 있다는 시장 분석가들의 말에 대해 텐센트 측은 대답을 거절했다.

"차이나모바일은 각종 OTT 앱을 막기는 어렵다는 것을 인식했고 자신의 OTT 서비스를 시도하는 것으로 방향을 잡았다."왕쥔(王珺) 〈이관궈지(易觀國際)〉 애널리스트는 차이나모바일이 가진 가장 큰 강점은 수억에 달하는 사용자 수와 트래픽 체계로, 기존의 4G 망과 방대한 사용자군을 바탕으로 통합 커뮤니케이션을 출시한다면 승산이 있다고 말했다.

천하오페이(陳昊飛) 중국국제금융유한공사 통신 분야의 애널리스트는 현재 5개 휴대전화 단말기 기업이 이 서비스를 지원하고, 차이나모바일이 더 많은 휴대전화 단말기 업체와 협력 협의를 맺으면 시장 점유율이 빠르게 올라갈 것이고 위챗에도 어느 정도 영향을 미칠 것이라고 분석했다.

관련 링크 차이나모바일은 위챗 사용자를 빼앗아 올 수 있을까

10년 전 2G 시대에 통신업체의 '문자메시지 패키지'는 수많은 젊은이에게 마음의 오작교를 만들어 주었다. 10년 뒤 4G 시대인 요즘에는 '위챗에 추가'하는 것이 새 친구를 만났을 때 가장 먼저 하는 일이다. 하루 정도 문자메시지를 안한다고 큰 문제가 생기지는 않지만, 위챗은 하루만 하지 않아도 여자친구와 싸우고 헤어질 수도 있다고 말하는 사람이 있을 정도다. 차이나모바일은 문자메시지라는 전통적인 통신 방식으로는 사용자의 통신 수요를 만족시킬 수 없다는 것을 어쩔 수 없이 인정했다. 공업신식화부가 발표한 자료에 따르면, 2014년 춘제 기간 동안 발송된 문자메시지

수는 2013년 춘제 기간 대비 42% 줄었다. 춘제 기간 동안 문자메시지 수가 줄어든 것은 이번이 처음이다. 얼마 뒤 모바일 월드 콩그레스에서 차이나모바일은 모바일 인터넷 시대에 발맞춰 '통합 커뮤니케이션'을 통해 사용자에게 새로운 채널을 마련해줄 것이라고 공식 선언했다. 업계에서는 차이나모바일이 '문자메시지를 포기하고 통합 커뮤니케이션을 끌어안은 것'이라고 평가했다.

통합 커뮤니케이션이란 사용자가 별도의 앱을 설치하지 않아도 왓츠업, 아이메시지, 위챗처럼 문자, 사진, 위치 정보 등을 직접 전송하는 통신 기능이다. 외부에서는 이것이 기존의 휴대전화 문자메시지를 곧 대체할 것이라고 내다봤다.

1. 문자메시지는 '사라질까'?

1992년 12월 3일, 22살의 영국인 엔지니어 닐 팹워스가 컴퓨터 키보드로 입력해 통해 보낸 인류 역사상 최초의 휴대전화 문자메시지인 '메리 크리스마스'부터 계산하면 문자메시지의 역사는 벌써 21년이 되었다.

통신전문가 푸량(付亮)은 "2G 시대에는 음성 통화료가 비싸 1분에 4~6자오 정도였고 여기에 로밍비와 장거리 비용이 더해졌다. 그러나 문자메시지는 지역을 나누지 않고 메시지 1통에 1자오였고, 1통에 몇 편에 불과한 문자메시지 패키지도 있었기 때문에 사람들은 문자메시지를 선택했다. 그러나 음성통화료가 1분에 1자오까지 떨어진 상황에서도 문자메시지는 여전히 1통에 1자오이고 담을 수 있는 정보 양도 20년 전과 비슷하다."고 지적했다.

상대적으로 위챗은 데이터량 1M에 1위안이라는 높은 사용료로 계산해도, 1M로 문자 정보 1,000통, 사진 10여 장을 전송할 수 있고, 30M면 음성 1,000통을 전송할 수 있다. 차이나모바일의 재무제표에서도 문자메시지의 운명을 볼 수 있다. 2009년 차이나모바일의 문자메시지 매출이 535억 위안으로 최고치를 기록한 이후 감소하기 시작했다. 2010년 526억 위안으로 떨어졌다가, 2011년에는 문자메시지와 MMS 매출이 464억 위안에 불과했다. 이 3년 동안 문자메시지 발송 건수는 늘었지만 문자메시지 서비스가 차이나모바일 전체 매출에서 차지하는 비율은 2009년 11.9%에서 2011년 8.8%로 떨어졌다.

이후 차이나모바일 재무제표에서 문자메시지와 MMS 서비스 매출이 명확하게 공개되지 않았다. 그러나 공업신식화부가 공개한 자료에 따르면, 2013년 문자메시지 발송량은 전년 대비 13.7% 감소한 반면, 모바일 인터넷 트래픽은 전년 대비 71.3% 증가했다. 2014년 춘제의 데이터는 위챗, 웨이보 등 새로운 형태의 모바일 인터넷 서비스가 인사 방식으로 자리 잡았고, 문자와 음성 서비스 사용량은 현저하게 줄었다는 것을 잘 보여주었다. 전국적으로 모바일 문자메시지 누적 발송량은 182억 1,000만 건으로 전년 동기 대비 약 42% 줄었다. 푸량은 "4G 시대에 문자메시지가 사라지는 것은 정상이다."라고 말했다.

2. 인터넷에 잠식당한 통신업체의 이익

2013년 4월, 차이나모바일은 페이신을 새롭게 출시했다. 2013년 6월, 차이나모바일은 제고(Jego)[6]를 출시했다. 2013년 12월, 중국에서 4G가 공식 상용화되었다. 2014년 2월, 차이나모바일은 '통합 커뮤니케이션'으로 위챗 등과 정면 승부를 하겠다고 선언했다. 차이나모바일은 차세대 통합 커뮤니케이션이 모든 단말기가 지원하고, 모든 사용자가 사용할 수 있는 유비쿼터스 통신 서비스가 되기를 바랐다.

그러나 이런 변화는 통신업체의 숨통을 다소 틔워 주는 역할을 할 뿐, 위챗을 끌어내릴 수는 없다. "차이나모바일은 단기간 안에 실적이 영향을 받을 수 있지만, 장기적인 관점에서 보면 이것을 통해 사용자를 붙잡은 다음 다른 분야에서 수익을 내야 한다." 푸량은 차이나모바일도 위챗처럼 이 플랫폼에 다른 제품을 출시할 수 있다고 말했다.

3. 위챗 사용자를 끌어올 수 있을까?

위챗은 모바일 인터넷 시대에 플랫폼을 운영하면서 여러 면에서 차이나모바일을 따돌렸다. 위챗이 갓 출시되었을 때 차이나모바일이 이런 조치를 취했다면 위챗은 쉽게 '망했을' 테지만 현재 위챗은 가장 기본적인 사용자 축적 단계를 이미 끝마친 상태다.

현재 차이나모바일의 목표는 위챗에서 사용자를 끌어오는 것이고 여기에 사용할 무기는 위챗과 같은 제품이다. 그러나 위챗보다 더 저렴하지도, 더 편리하지도 않다. 인터넷 보안업체인 치후360(奇虎360)의 말처럼, 웨이보를 격파하는 것은 절대 웨

---

6   차이나모바일이 자체 연구개발한 모바일 VoIP 인스턴트 메시지 앱

이보가 아니고, 위챗을 격파하는 것은 절대 위챗이 아니며, 더 참신하고 획기적인 제품이어야 한다.

차이나모바일 자체를 놓고 보면, 차이나모바일은 이전에도 인터넷 분야에서 많은 시험을 했다. 수많은 '기지' 건설에서 페이신, 링시(靈犀), 제고 등 제품까지, 차이나모바일은 '인터넷' 감각이 떨어진다고 할 수 없지만 늘 '일찍 일어나고 늦게 도착한다.' 푸량은 통신업체 자체의 내부 문화와 프로세스와도 관계가 있다고 지적했다. 인터넷 기업은 빠른 교체 방식을 취해 1세대 제품에는 부족한 부분이 있지만 사용자의 피드백에 따라 신속하게 업그레이드한다. 인터넷 기업은 개방적이어서 협력 파트너의 가세를 환영한다. 반면 통신업체는 입안–기획서–입찰공고–경쟁 입찰–검수의 프로세스에 따라 일을 진행한다. 이런 한 발 늦은 박자로는 인터넷 기업을 절대 따라잡을 수 없고, 회사 내부에서 나오는 많은 의견을 수렴하거나 사용자의 피드백을 빠르게 적용할 방법이 없다.

'통합 커뮤니케이션'의 성공 여부는 얼마나 많은 휴대전화에 선탑재 하느냐가 아니라 얼마나 큰 플랫폼을 구축해 얼마나 많은 인터넷 기업의 참여를 유도하느냐이다. 독식의 시대는 이미 지나갔다. 독식은 속도가 느리고, 느린 것은 수동적이 된다는 뜻이다.

텐센트와 차이나유니콤, 오프라인 경험을 시험하다

　2014년 3월 5일, 텐센트와 차이나유니콤은 베이징에서 기자회견을 갖고 '1편이면 텐센트 결제로 사진 인쇄' 이벤트를 시작한다고 선언했다. 이것은 위챗이 처음으로 차이나유니콤의 전국 200개 영업점으로 들어간 것이고 통신업체와 OTT 업체의 대표적인 협력 모델이다. 양측의 협력은 정보 소비시대에서 전혀 새로운 오프라인 경험의 장을 열었다.

〈텐센트와 차이나유니콤의 협력〉

　두 달간 진행된 이 이벤트는 전국 32개 도시의 200여 개 영업점에서 실시되었다. 한 도시에 약 5개의 플래그십 스토어, 중점 도시에는 약 10개 매장에서 진행되었다. 베이징 시단(西單), 왕푸징(王府井), 상하이의 루자쭈이(陸家嘴), 광저우 텐허청(天河城)이 포함되었다.

　이 이벤트는 위챗 5.0버전 이상 사용자(위챗 결제 지원)를 대상으로 했다. 사용자는 위챗이 설치된 스마트폰을 가지고 전국 200개 차이나유니콤 플래그십 스토어에 들러 지정된 위치에서 위챗 'QR코드 스캔' 기능을 통해 QR코드를 스캔하고 위챗 결제를 통해 1편을 결제한 다음, '징차이워티엔(精彩沃體驗)' 공식계정을 팔로우하고 이 공식계정으로 휴대전화 속 앨범의 사진을 전송하면 즉시 사진 인쇄 서비스가 실행된다.

차이나유니콤과 텐센트가 다시 한 번 손을 잡은 것은 통신업체가 적극적으로 혁신과 전환을 꾀하고 있으며 고객의 인식을 더 중시하고 끊임없이 변하는 고객의 수요에 적극적으로 대응하고 있다는 것을 보여준다. 앞으로 OTT 서비스의 발전으로 통신망과 용량 수요가 계속 증가하고 인터넷 분야에서 통신업체의 탐색과 시험이 계속 확대될 것이다.

관련 링크 텐센트와 차이나유니콤 재협상, 위챗 워카 군비를 확장하다

2014년 2월 11일, 광시(廣西)유니콤이 텐센트 위챗과 협상을 할 때만 해도 위챗 워카(微信沃卡)는 광둥에서 광시로 확대되는 것을 기대하지 않았다. 광둥유니콤의 위챗 워카가 한때 이름을 날렸지만 텐센트는 차이나유니콤과 협력 확대 의사가 없는 듯했고 위챗 워카는 계속 광둥유니콤에서만 서비스되었다.

당시에는 텐센트 등 OTT 서비스업체와 통신업체 간에 마찰이 끊이지 않았다. 통신업체의 음성 통화, 문자메시지, MMS 서비스 감소 추세가 모두 위챗 등 OTT 서비스의 잠식과 타격 때문이라고 생각했기 때문이다. 그러나 2013년 7월 광둥유니콤이 '묵계'를 맺고 텐센트와 위챗 워카를 출시해 중국 통신업체와 OTT 간의 협력의 새 장을 열었다.

또한 위챗 워카는 사용료 혜택과 위챗 특권을 내놓아 위챗 사용자가 실익을 얻도록 했다. 덕분에 광둥유니콤은 많은 사용자를 확보할 수 있었고, 차이나텔레콤, 차이나모바일과의 경쟁에서 강력한 무기를 쥐게 되었다.

위챗 워카는 광둥유니콤과 텐센트가 협력해 출시한 제품으로, 전화카드로도 사용할 수 있고 위챗의 데이터 사용량, 그룹, 스티커, 결제, 게임의 혜택도 있다.

그러나 광둥유니콤이 위챗 워카를 출시한 뒤 6개월이 지난 후에도 다른 운영업체, 더 나아가 차이나유니콤의 다른 성(省) 회사가 위챗과 협력했다는 소식은 들려오지 않았다. 이것은 3대 통신업체가 여전히 위챗에 다른 견해를 갖고 있다는 것을 말한다.

갖가지 조짐에서 광시유니콤은 광둥유니콤, 상하이유니콤, 저장유니콤, 구이저우

(貴州)유니콤 등과 함께 차이나유니콤의 남쪽 지역 개혁의 '테스트 필드'라는 것을 알 수 있다. 예를 들어 2012년 광시유니콤이 출시한 워이더(沃易得)는 은행과의 새로운 협력 모델을 보여주었다. 2013년 구축된 '워이거우(沃易購)' 플랫폼도 운영 업체가 스스로 대리 판매 이익을 포기하고 휴대전화 기업 직판 플랫폼 건설 등의 새로운 모델을 만들었다. 이번 텐센트 위챗과의 연합은 인터넷 모델로의 전환에서 또 한 번의 시험이다.

어떻게 윈윈을 실현할 것인가

차이나텔레콤, 차이나유니콤은 텐센트와 협력을 유지해왔고, 차이나모바일도 이런 조짐이 있다. 시궈화(奚國華) 차이나모바일 대표이사는 2013년 전국 '양회'에서 OTT 서비스는 통신업체에게는 도전이자 기회라고 말했다. 통신망은 여전히 기존 통신업체가 강하다. 이 말은 인터넷의 여러 서비스가 통신업체의 네트워크를 기반으로 진행된다는 것이다. 이것은 인터넷 기업의 약점이다. 시궈화도 텐센트 등 채널 업체가 차이나모바일이 미지의 새 고객을 개척하는 것을 돕고 제대로 하기만 한다면 양측 모두 이기는 게임이 될 것이라는 것을 인정했다.

마화텅은 앞으로 협력의 방식으로 나아갈 것이며 위챗의 앱과 통신업체의 콘텐츠가 완전히 중복되지는 않는다고 말했다. 위챗도 데이터 트래픽이 크게 증가했고, 이런 앱이 없다면 사용자의 동력과 비탄력적 수요도 없을 것이다.

마화텅은 앞으로는 자전거를 타거나 걷는 사람은 무료이고 자동차를 모는 사람에게는 유류비, 통행료 등을 받으며, 더 빠른 길을 가야 하는 사람에게는 고속도로 통행료를 받는 추세가 될 것이라고 지적했다. 통신업체도 이 길을 걸을 것이다. 가장 기초적인 설비 건설 작업은 일부분은 국가가 담당하고 일부분은 기업이 담당하는 것이 비교적 합리적이다.

현재 차이나모바일은 4G 준비에 한창이다. 전국 10여 개 도시에 TD-LTE 상용화 시험 네트워크를 구축했다. 차이나모바일이 4G 구축 후 충분한 제품과 앱을 갖추고 충분히 많은 사용자를 끌어 모으려면, 텐센트 위챗 같은 채널 업체가 제공하는 콘텐츠와 제품이 필요하다.

알리바바
마윈과의 게임

2013년 8월, 타오바오왕은 공고를 통해 1월 안에 다른 플랫폼을 지향하는 외부 연결 QR코드 아이콘을 차단한다고 발표했다. 타깃을 명확하게 말하지는 않았지만 위챗 등 모바일 앱의 전자 상거래 플랫폼을 가리키는 것이 분명했다. 모바일 전자상거래를 둘러싸고 알리바바 산하 타오바오와 텐센트 산하 위챗 간의 암투가 다시 한 번 본격화되었다.

 VS.

도화선이 된 새로운 버전의 위챗

텐센트와 알리바바 양대 강자의 교전은 이번이 처음은 아니다. 2013년 4월 29일, 알리바바는 5억 8,600만 달러를 투자해 신랑 웨이보의 지분을 인수한 다음, 신랑 웨이보와 타오바오 계정을 서로 연결시킨다고 발표했다. 웨이보 사용자는 웨이보 ID로 타오바오 플랫폼에 로그인해 거래, 결제 등 기능을 사용할 수 있으며, 판매자를 대상으로 '웨이보 타오바오 버전'도 내놓았다. 이 발표가 있기 불과 24시간 전, 알리바바는 타오바오에 있는 위챗 관련 마케팅 채널을 차단했고 위챗을 향하는 제3자 앱 서비스를 잠정 차단했다. 오는 정이 있으면 가는 정이 있다고 이후 텐센트 역시 마찬가지로 위챗 마케팅 계정을 대대적으로 '정리'했다. 이 가운데 대다수는 타오바오 광고를 게재한 공식계정이었다.

위챗 마케팅 잠정 중단이든, 외부 연결 QR코드 차단이든, 타오바오 측의 설명은 안전성 고려였다. 타오바오왕은 공고를 통해 '일부 판매자가 외부 연결 QR코드를 통해 타오바오의 정상 거래 프로세스를 피해 광고를 게재하거나 심지어 사기를 치기도 한다.'고 발표했다. 타오바오는 사례를 발표하기도 했다. 어떤 구매자가 '판매자'가 타오바오왕 상점에 남긴 외부 커뮤니티 사이트 QR코드 정보를 통해 '판매자'의 공식계정을 추가하고 '구매' 버튼을 클릭한 다음 대금 즉시 이체 방식을 통해 '판매자'에게 입금했다. 그러나 상품은 배송되지 않았고 구매자가 추적해보니 '판매자'의 외부 커뮤니티 사이트의 공식계정이 사라졌다는 것을 발견했다. '판매자'가 정교하게 만들어놓은 사기극이었던 것이다.

사용자 경험과 결제 안전이 중요하다는 논리는 문제가 없어 보이지만 타오바오 판매자는 받아들이기 어려운 결정이었다. 한 타오바오 판매자는 자신의 위챗 공식계정을 링크해 놓은 QR코드 아이콘이 사용할 수 없다는 의미인 '붉은 X표'로 변했다고 푸념했다. 이것은 타오바오 판매자에게 타오바오와 신규 버전의 위챗 가운데 '둘 중 하나를 선택'하라는 뜻이었다.

2013년 8월 5일, '웨이보 타오바오 버전'이 출시된 날 신규 버전의 위챗 5.0이 애플 앱스토어에 출시되었다. 커뮤니티 툴과 정보 공유 플랫폼이라고 여겨졌던 구 버전에 비해 새 버전에서 가장 눈에 띄는 부분은 결제 기능의 추가이다. 텐센트에 따르면, 위챗 결제는 위챗과 텐페이가 공동 출시한 혁신적인 모바일 결제 상품으로 공식계정 결제, 앱 결제와 타오바오에 의해 차단되었던 QR코드 결제를 할 수 있다. 라이즈밍(賴智明) 텐페이 CEO는 "위챗 결제 출시로 위챗의 상업화, 플랫폼화와 위챗 판매자의 비즈니스 현금화를 추진해 모바일 인터넷의 O2O 폐쇄형 순환 사슬을 구축할 것이다." 라고 말했다. 전자상거래 분야에서 우물쭈물하던 텐센트는 위챗을 빌어 마침내 모바일 전자상거래를 본격적으로 하기로 결심했다.

〈웨이보 타오바오 버전〉

날로 치열해지는 트래픽과 유입 채널 쟁탈전

중국 전자상거래연구센터 자료에 따르면, 2013년 12월 기준, 중국의 모바일 전자상거래 시장 거래 규모는 965억 위안으로 전년 동기 대비 135% 성장했고, 2014년 이 수치는 1,300억 위안에 달할 전망이다. 모바일 전자상거래 비즈니스 모델이 성숙해지면서 모바일 전자상거래는 기존 인터넷 기업이 탐내는 '파이'가 되었다. 류싱량(劉興亮) 산쥐(閃聚) 미디어 CEO는 타오바오가 위챗을 '봉쇄'한 이유는 모바일에서 포석을 깔기 위한 것이라고 말했다.

모바일 인터넷에서 최대 유입 채널인 위챗의 지위는 거의 흔들리지 않는다. 공업신식화부 자료에 따르면, 2013년 상반기, 위챗이 유발한 모바일 인터넷 분야의 매출 규모가 전년 동기 대비 56.8% 증가했다. 전자상거래 관계자인 루전왕(魯振旺)은 "판매자는 거대한 사용자를 지닌 위챗을 놓치지 않을 것이며 알리바바는 이 점을 걱정하고 있다."라고 말했다. 알리바바가 현재 제일 걱정하는 것은 위챗이 새롭게 출시한 5.0버전에 탑재된 결제 기능으로 인해 많은 판매자가 위챗으로 몰리는 것, 특히 타오바오 계열의 판매자가 유입되는 것이다.

타오바오와 위챗의 전쟁은 미래에 대한 쟁탈전일 뿐 아니라 현실적 고려도 깔려 있다.

시장조사기관인 〈이관궈지〉의 왕쥔은 "타오바오가 외부 링크 QR 코드를 차단한 것은 마케팅 수입을 유지하려는 생각도 있었다. 마케팅은 타오바오의 중요한 수입원으로 타오바오 판매자가 제3자 플랫폼에서 상품을 홍보하면 타오바오의 이익에 직접적인 영향을 미칠 것이다."라고 말했다.

두 강자 간의 게임은 이미 피할 수 없게 되었지만 직접적으로 차단, 봉쇄의 방식을 취하는 것이 과연 적절할까? 플랫폼 제공자인 알리바바, 텐센트 등 인터넷 선두기업이 서로 상대 채널을 차단하면 결국 피해를 보는 것은 중소 판매자다. 업계 관계자는 모바일 인터넷은 아직도 초기 단계이기 때문에 경쟁을 장려해야 하지만 걸핏하면 상대를 차단하는 방법은 권할 가치가 없다고 말했다.

알리바바는 데이터, 텐센트는 사용자가 핵심 자산

알리바바가 창립 초기부터 주창한 '하늘 아래 어려운 사업은 없게 한다'는 말은 이상주의적 색채가 있다. 그러나 알리바바의 발전사를 보면 이 전략을 시종일관 유지했으며 이 말에서 벗어난 적이 없다는 것을 알 수 있다. 그것은 바로 비즈니스 인프라를 구축하는 것, 즉 비즈니스 세계의 '물, 전기, 석탄'을 만드는 것이다.

알리바바는 설립 초기부터 전자상거래 플랫폼을 열었고, 곧이어 트래픽 분배(알리마마, 타오바오 연맹)와 결제(알리페이)를 시작했으며, 이어서 물류(차이냐오), 클라우드 컴퓨팅(알리 클라우드)를 시작해 시종일관 비즈니스 기초 서비스 관련 사업을 했다. 알리바바는 타오바오, 톈마오, 1688 등의 방대한 거래를 엔진으로 다양한 비즈니스 기초 서비스, 소위 말하는 '물, 전기, 석탄' 사업을 했다. 데이터, 특히 거래 데이터는 알리바바의 핵심 자산이다.

텐센트의 전략적 진화나 서비스 진화는 모두 발전 속에서 배운 것이다. 텐센트의 전략은 확실하게 알기가 쉽지 않다. 게임이든 미디어 사업이든, 전자상거래, 동영상, 검색이든 텐센트는 늘 나중에 뛰어들었다.

PC시대에 텐센트는 QQ 커뮤니티 관계 사슬을 통해 게임, 포털, 브라우저, 입력기 등 사업이 모두 순조롭게 진행되었다. 텐센트는 경쟁 제품에서 배우면서 동시에 작은 혁신도 많이 만들어냈다. 텐센트의 성공은 모방이 아니라 제품과 커뮤니티라는 무기로 만들어진 것이다. 텐센트의 핵심 자산은 사용자로, 쌍방향성이 생겨 텐센트 플랫폼에서 벗어날 수 없는 사용자다.

이 때문에 두 기업의 비즈니스 모델은 차이가 있다. 알리바바는 판매자에게서 돈을 벌고, 텐센트는 사용자에게서 돈을 번다. 전자는 임대고 후자는 사용자 유입량이다.

전략상으로는 알리바바가 우세, 전술상으로는 텐센트가 우세

알리바바와 텐센트 두 기업의 경쟁은 전략적인 측면에서 알리바바가 텐센트에 우세하다. 그러나 구체적인 전술로 봤을 때 지금은 위챗이 우세하기 때문에 텐센트가 잠시 앞선다.

알리바바가 전략적으로 텐센트에 앞선다고 말하는 이유는 클라우드 컴퓨팅과 빅 데이터 때문이다. 마윈은 내부 메일을 통해 지금은 IT에서 DT(Data Technology) 시대로 전환되고 있고 클라우드 컴퓨팅에서는 알리바바가 텐센트 클라우드를 크게 앞선다며, 텐센트 클라우드가 알리 클라우드를 쫓고 있지만 클라우드와 데이터에는 등급이 있다고 지적했다. 데이터는 거래와 돈에서 가까울수록 가치가 있다.

'어떤 사람의 말을 들으면 그 사람의 행동을 봐야 한다'는 말이 있다. 그 사람의 선호를 반영한 것이 실제 행동이다. 텐센트, 바이두, 알리바바 더 나아가 다른 인터넷 서비스도 모두 대량의 데이터를 생산한다. 그러나 이들 데이터의 실제 가치는 순위가 있다. 텐센트와 신랑 웨이보의 데이터는 바이두의 검색 데이터만 못하고, 바이두 데이터는 알리바바의 거래 데이터만 못하다. 텐센트와 웨이보의 데이터는 개인 행위를 반영하기 때문에 어느 정도 선호가 담겨있다. 검색은 적어도 사용자가 이해를 해야 검색을 한다는 것을 뜻하기 때문에 개인의 선호가 한층 명확해진다. 타오바오에서 상품을 구입하는 것은 가장 확실한 선호의 표현이다. 두 플랫폼에서 생산한 데이터 중 알리바바의 데이터가 텐센트보다 가치가 훨씬 크고, 앞으로 가치를 발굴하고, 확장할 수 있는 여지도 더 크다.

IT에서 DT로 전환되는 것은 기술의 업그레이드이기도 하지만 더 중요한 것은 중국 인터넷 기업의 탈인터넷화이다. 바이두 CEO 리옌훙의 말을 빌자면, 인터넷이 전통 산업의 도태를 가속화시킬 것이기 때문에 바이두는 '중간 페이지' 전략을 내놓았다. 알리바바와 텐센트도 적극적으로 탈인터넷화를 진행했다. 알리바바의 탈인터넷화는 차이냐오 네트워크, 르르순(日日順)물류 투자로 나타났고, 위어바오와 알리페이 월렛도 있다. 텐센트의 탈인터넷화는 위챗 결제와 다중뎬핑 투자로 나타났다.

마화텅은 탈인터넷화를 '모든 것이 연계'되는 것이라고 말했다. 알리바바와 텐센트가 '모든 것을 연결'하는 것에서 암투 중이라는 가장 명확한 사례는 알리페이와 텐페이 위챗 버전의 힘겨루기이다. 다른 사례는 세간에 잘 알려진 물류 분야의 암투로, 알리바바는 하이얼(海爾) 르르순 물류에 투자했고 텐센트는 화난청(華南城)에 지분을 투자했다.

알리바바는 차이냐오물류를 책임지게 된 후 전국 각지에 많은 부지를 확보했다. 텐센트도 알리바바의 뒤를 이어 많은 부지를 확보했다. 그러나 두 회사의 대결은 같은 체급이 아니다. 알리바바 차이냐오의 우세가 너무 명확하다. 가장 핵심적인 것은 알리바바는 2013년 매출 1조 5,000억 위안으로 매출의 견인차 역할을 한 타오바오, 텐마오라는 엔진이 있고, 더욱이 10년 동안 누적된 거래 데이터도 있다. 텐센트는 지분 투자한 징둥의 매출로 이에 대항하려고 한다. 차이냐오물류의 야심은 전자상거래에 기반을 둔, 전국을 커버하는 물류 네트워크를 구축하는 것이고, 이는 현 물류 체계의 혁신과 업그레이드이기도 하다. 텐센트의 전자상거래는 타오바오, 텐마오와 격차가 너무 크다. 둘 사이에는 징둥 10개 규모의 격차가 있어 갈 길이 멀다. 격차를 줄이는 일은 하루아침에 이뤄질 일이 아니다.

물론 구체적인 전술 면에서는 텐센트의 위챗이 매우 큰 우위를 차지하고 있다. 때문에 위챗 결제의 '창훙바오(搶紅包)' 이벤트가 춘제 기간 동안 알리페이의 훙바오(紅包)를 앞설 수 있었다. 모바일 전자상거래가 시작 단계이기 때문에 방문 빈도가 높은 앱인 위챗이 빠르게 발전했고 알리바바는 대응이 필요했다. 그래서 2014년 3월 8일, 모바일 타오바오가 베이징, 상하이, 광저우, 선전 등 10대 도시의 소비자를 초청해 먹고 마시고 즐기게 하겠다고 공언한 것이다.

관련 링크   알리 클라우드 VS 텐센트 클라우드

1. 알리 클라우드

알리바바 클라우드 컴퓨팅(알리바바 클라우드 컴퓨팅 유한공사, 약칭 알리 클라우드)은 클라우드 컴퓨팅 서비스를 제공하는 과학기술 기업으로 2009년 9월에 창립된 알리바바그룹이 전액 출자한 회사다. 알리 클라우드 본사는 항저우에 있고 베이징과 실리콘 밸리에 연구소가 있다. 클라우드 컴퓨팅 제품과 서비스를 연구개발 및 운영하고, 안드로이드 시스템을 기반으로 한 '알리 클라우드 OS'라는 스마트폰 운영 시스템을 개발했다.

2009년 9월 10일, 알리바바 10주년 기념 행사장에서 알리바바 클라우드 컴퓨팅 팀은 독립적인 신분으로 등장했고, 이로써 '알리 클라우드'라는 이름의 자회사가 공식 출범했다. 새 회사 설립 후 알리바바그룹 산하의 11개 회사는 알리바바, 타오바오, 알리페이, 알리 소프트웨어, 알리 마마, 커우베이왕(口碑網), 톈마오, 이타오왕(一淘

網), 쥐화솬(聚劃算), 알리 클라우드와 야후 차이나가 되었다.

2. 텐센트 클라우드

2013년 9월 9일, 텐센트는 클라우드 서비스 플랫폼을 인터넷 앱 개발자에게 전면
개방한다고 선언했다. 포지션은 인터넷 앱 개발자에게 서비스하는 공유 플랫폼으
로 클라우드 서버, 클라우드 데이터베이스, 클라우드 보안 등 제품이 포함된다. 이
전 텐센트 클라우드는 이미 텐센트 내부에서 두 차례 비공개 테스트를 거쳤다.

관련 링크 텐센트, 다중뎬핑왕에 4억 달러 전략적 투자

2014년 2월 19일, 류츠핑 텐센트 총재와 장타
오(張濤) 다중뎬핑 CEO는 텐센트가 다중뎬핑
에 전략적 투자를 진행해 지분 20%를 확보했
다고 발표했다.
2013년 인터넷 강자들의 모바일 인터넷 전쟁
은 소리 없는 전쟁 상태였다가, 2014년이 되
자마자 '백병전'으로 가열되었다. 알리바바는

인터넷 지도 기업인 가오더(高德) 인수를 발표했고, 텐센트는 다중뎬핑에 투자하고
동시에 징둥의 주식 매입을 진행했다. 징둥은 미국에 상장 신청서를 제출한 상태다.
또 한 소식에 따르면 한 동영상 사이트가 BAT(바이두, 알리바바, 텐센트) 중 한 곳
과 비밀리에 인수합병을 논의하고 있다고 한다.

사실 텐센트의 다중뎬핑 인수는 2013년 10월부터 소문이 돌았지만, 당시 장타오는 모두 '허튼 소리'라고 일축했었다.

장타오는 류츠핑 외에 마화텅과 장샤오룽 위챗 책임자와도 만난 적이 있다. 특히 장샤오룽을 만났을 때 그는 두 사람의 철학이 잘 맞는 것을 발견했다. 장타오와 텐센트 측은 두 차례 만남을 갖고 지분 참여를 처리했다. 텐센트가 다중뎬핑을 '따라다닌 지' 이미 오래된 상황이었기 때문에 류츠핑은 "2008년, 2009년부터 다중뎬핑에 투자하고 싶었는데 마침내 이루어졌다."고 말했다.

장타오는 중국의 새로운 경제성장 전략인 인터넷 플러스는 사람, 정보, 상품, 서비스의 4가지 요소로 나눌 수 있고, 각 연결점마다 거대한 기회가 있다고 말했다. 텐센트는 사람과 사람, 바이두는 사람과 정보, 알리바바는 사람과 상품, 다중뎬핑은 사람과 서비스를 연결한다는 것이다. 다중뎬핑은 네 번째 부분에서 강자가 되려고 했기 때문에 독립 발전을 고수했다.

다중뎬핑은 BAT를 배척한 적이 없다. 위챗 외에 바이두 지도, 알리바바 산하의 가오더와 밀접한 협력 관계를 맺고 있다. BAT 중 한 곳에서 투자를 받으면 다른 두 곳의 자원을 잃기가 쉽다. 다중뎬핑의 창립자 중 한 명은 "위챗이 없었다면 우리는 텐센트의 투자를 받아들이지 않았을 것이다."라고 솔직하게 말했다. 장타오는 다중뎬핑과 위챗이 '큰 화학 반응'을 일으키기를 바란다.

논리적으로 따져보면 '화학 반응'이 발생할 가능성은 매우 크다. 텐센트는 위챗을 통해 모바일 커뮤니티에서 절대적 우위를 차지했지만 오프라인 판매자 자원과 오프라인 운영 경험 및 오프라인 팀이 없다. 다중뎬핑은 중국에서 오프라인 판매자 운영을 가장 잘하는 인터넷 기업이지만 커뮤니티와 결제 모듈이 없다.

장타오는 "해외라면 위챗과의 전략적 협력이 지분 매입까지 가지 않았을 것이다. 그러나 중국에서는 한 가족이라는 뜻으로 지분을 나누어야 향후 협력이 더 순조롭다. 이것이 바로 중국식 자금조달이다."라고 말했다. 20%의 지분 비율은 '성의' 표시였다. 텐센트의 지분률을 40% 넘게 허용하는 것은 독립적으로 발전해 4대 강자가 되려는 다중뎬핑은 절대 원하지 않을 것이고, 5%는 성의가 부족하다고 보일 것이다.

텐센트와 다중뎬핑이 구축하려는 것은 '커뮤니티＋O2O'의 폐쇄형 순환 사슬이다. 최근 소식에 따르면, 전자상거래, 동영상 등 전략적 분야에서 텐센트가 비슷한 방식으로 대외에 자원을 개방할 가능성이 높다. 그렇다고 '텐센트+다중뎬핑'이 '커뮤니티+O2O'와 같다는 것은 아니다. O2O의 산업사슬은 매우 복잡하고 다중뎬핑도 텐센트와 비슷한 방식으로 다운스트림에 투자를 하지만 지배하려 들지는 않는다.

텐센트와 다중뎬핑이 '커뮤니티+O2O' 산업사슬을 순조롭게 구축하려면 시간이 필요하다. 양측은 현재 지분 협력을 프레임으로 삼고 있을 뿐 제품 협력은 후속적으로 추진할 것이다. 류츠핑 총재는 "양측 모두 제품형 기업이다."라고 말하며 두 회사가 제품 분야에서 협력할 수 있는 기반을 마련해주었다.

그러나 '큰 화학작용'이 일어나려면 더 심도 있는 협력이 필요하다. 이때 기업 문화가 맞느냐가 핵심 요소가 될 것이다. 텐센트와 다중뎬핑은 기업 문화 면에서 비슷한 점이 있다. 첫째, 마화텅과 장타오는 모두 좋은 집안 출신이고 제품을 중요하게 생각하며, 이성적이고 실무적이며 장기적인 마음가짐이 있다. 둘째, 두 기업의 창립 멤버는 5명으로 동창이자 동료 관계이며 분업 상황도 비슷하다. 마지막으로, 두 회사 모두 창립한 지 10년이 넘어 인터넷 변화를 잘 파악하고 있다.

흥미로운 점은 두 회사의 관리팀이 안정적이라는 것이다. 텐센트와 같은 시기에 생긴 인터넷 기업들은 대표가 몇 차례 바뀌어 임원층이 요동을 쳤지만 텐센트는 안정된 관리층을 기반으로 PC 적자생존의 밀림 시대를 잘 버텨냈다. 다중뎬핑의 창립 멤버는 2004년에 꾸려졌고 지금까지 한 사람도 떠나지 않았으며 이것은 2014년까지 이어져 텐센트의 기록을 깼다.

알리바바와 텐센트의 투자 전략과 향후 전망

알리바바와 텐센트의 게임은 투자 분야에서도 나타났다. 그러나 두 회사의 투자 철학은 전혀 달랐다. 알리바바는 데이터 획득을 기반으로 기초 서비스에 투자했고, 텐센트는 업무 상호 보완에 더 많이 투자해 단점 보완에 주력했다.

알리바바의 투자 전략은 한편으로는 데이터 획득을 기반으로 기초 서비스에 투자하고, 다른 한편으로는 사업 연맹을 맺는 것이다. 알리바바의 가장 대표적인 투자 사례는 유명(友盟, Umeng)과 가오더이다. 유명은 모바일 데이터 수요, 가오더는 지도와 데이터 때문에 투자한 것으로 두 곳 모두 모바일 전자상거래에 꼭 필요한 부분이다. 사업 연맹이란 '트래픽 유입 채널-거래 구매-커뮤니티 공유' 3단계를 기반으로 한 연맹 구축으로, 신랑 웨이보와 360에 투자한 것은 이 연맹 구축을 염두에 둔 것이었다.

실제 경쟁을 살펴보면, 알리바바의 투자에 텐센트를 견제하는 요소가 많다. 모모(陌陌), 샤미(蝦米)음악의 경우, 모모는 커뮤니티고 샤미는 엔터테인먼트로 모두 텐센트 사업의 핵심 분야다. 2014년 상장한 모모의 주요 수입원은 게임이다. 텐센트를 뛰어넘기는 어렵겠지만 산을 울려 호랑이를 놀라게 할 수는 있다.

텐센트의 투자 전략은 사업 상호 보완으로 단점 보완에 주력한다. 대표적인 것이 다중뎬핑과 써우거우(搜狗)이다. 다중뎬핑에 투자한 것은 F퇀(團), 가오펑(高朋), 웨이성훠(微生活)가 O2O 분야에서 쇠퇴해 자신의 서비스만으로는 앞으로의 경쟁에서 이길 수 없기 때문이고, 써우거우에 투자한 것도 마찬가지로 자체 검색 엔진인 소소가 제 역할을 못해서이다.

텐센트의 최근 행보는 빼기를 주로 하고 있다. 써우거우에 투자하면서 검색은 포기했고, 다중뎬핑에 투자하면서 O2O를 포기했으며, 징둥에 투자하면서 전자상거래를 포기했다. 물론 이런 뺄셈도 모종의 덧셈이라 할 수 있다. 유입 채널과 사용자를 고정시키고 구체적인 서비스는 자기가 투자한 기업에 외주를 주는 것이다.

마화텅은 마윈이 메일에서 한 '자신이 갖고 있는 것이 무엇이고, 무엇을 원하며, 무엇을 포기해야 할 것인지를 알아야만 미망에 빠지지 않는다.'라는 말이 무슨 뜻인지를 실제 행동으로 보였다.

앞으로 사용자들은 언제 어디서나 알리바바와 텐센트를 만날 수 있을 것이다. 알리바바는 금융, 의료, 정무, 교통, 기상 등의 분야로 진출하고 수많은 인터넷 사용자에게 기초 서비스와 앱을 제공할 것이다. 알리클라우드, 알리페이처럼 세상을 잇는 '물, 전기, 석탄'이 될 것이다. 텐센트는 잉융바오, 브라우저로 QQ 게임하기 등 구체적인 서비스를 제공하고 위챗 쇼핑을 이용해 다양한 사업으로 진출할 것이다.

텐센트, 징둥과 손잡고 알리바바를 겨누다

2013년 8월 28일, 징둥은 텐센트의 위챗을 봉쇄하겠다고 호기롭게 선언하고 3만 명의 직원에게 모두 이신(易信)을 사용하라고 요구했다. 그러나 6개월 뒤(2014년 3월 10일) 상황은 반전되었다. 텐센트가 O2O 강자인 다중뎬핑과 손을 잡은 뒤 징둥의 지분을 공식 매입한 것이다.

텐센트는 바클레이즈를 징둥상청 주식 매입의 거래 자문으로 삼았다. 텐센트와 징둥 모두 외부의 소문에 공식 입장을 내놓지는 않았지만 시장에서 양측 자본의 움직임이 활발해졌다. 텐센트 주가는 연일 상승해 2014년 2월 28일 처음으로 600위안을 넘으면서 다시 한 번 최고치를 기록했다.

2013년 말, 텐센트는 류창둥 징둥상청 CEO와 지분 매입 협상을 했지만 합의에 도달하지 못했다. 징둥의 주주 중 하나인 러시아 투자회사

DST는 텐센트와 징둥이 자본 협의에 도달하지 못했다고 밝혔다. DST는 텐센트가 2013년 징둥에 지분 매입 의사를 밝혔고 징둥의 주주 역시 텐센트의 지분 매입을 허락했지만 류창둥 개인이 이 계획을 받아들이지 않았다고 말했다.

소식에 따르면, 협상에서 징둥과 텐센트가 이견을 보인 부분은 텐센트가 이쉰 등 텐센트 전자상거래 자산을 합쳐서 징둥에 넘기는 문제에 대해 준비가 되지 않았고, 류창둥으로 대표되는 징둥은 '텐센트의 써우거우 주식 매입' 모델로 거래를 진행할 것을 고집했다고 한다.

2013년 9월 16일, 텐센트는 4억 4,800만 달러에 써우거우 지분을 매입, 써우거우 지분 36.5%를 확보했다. 이 밖에 텐센트는 산하의 소소 등 관련 팀과 텐센트 자체의 트래픽 자원을 써우거우에 넘겼다.

투자 관계자는 류창둥이 중요하게 생각하는 것은 텐센트의 자금이 아니라 관련 자원이라고 말한다. 류창둥 측이 제시한 방안은 징둥이 20% 이내의 지분을 텐센트에게 넘기고 텐센트는 상응하는 자금 외에 이쉰 등 텐센트 전자상거래 자산과 위챗의 관련 트래픽 자원을 징둥에게 넘기는 것이었다.

20% 이내의 지분 양도는 류창둥의 징둥에 대한 지배권에 영향을 미치지 않는다. 징둥 IPO 투자설명서를 살펴 보면 류창둥이 직간접적으로 보유한 징둥 주식은 23.9%에 달한다. 이 중 류창둥이 개인 단일 주주로 보유한 쉘컴퍼니인 포춘라이징(Fortune Rising)이 5.3%를 보유하고 있다.

이 밖에 징둥은 주식 형태에 따라 투표권을 나누는 AB주 계획을 세우고 류창둥 등 징둥 임원들이 1주에 투표권 20개를 갖는 방식의 상장을 허락했다. 다른 주주는 1주당 1개이다. 징둥이 상장해 공개 발행한 주식이 징둥 전체 주식의 20%를 차지한다면 징둥 상장 후 류창둥의 지배권은 84.8%에 달하게 된다. 이 계획은 제3자 기관의 징둥에 대한 악의적인 인수합병 가능성을 차단하기 위한 것이다.

투자설명서에 공개된 정보로 계산하면 징둥의 지난번 자금조달 평가 규모는 60억 6,000만 달러였다. 상장으로 인한 자금조달 최대 규모를 15억 달러로 잡고, 주식공개 하한 구간을 업계 평균인 20%로 잡아 계산하면 징둥의 상장 평가 가치는 75억 달러이다. 만일 텐센트가 가세하면 징둥의 평가 가치는 60억 6,000만~75억 달러 사이가 되고, 20%의 주식 가격은 12억 1,200만~15억 달러가 될 것이다.

또한 이쉰 등 텐센트 전자상거래 자산과 위챗 트래픽이 징둥으로 이양되면 징둥의 자산 규모는 빠르게 늘어날 것이다. 텐센트 내부 인사에 따르면, 2013년 이쉰의 GMV(Gross Merchandise Volume, 총 거래량)은 150억 위안 이상, 영업수익도 100억 위안 이상으로, 달러로 환산하면 16억 7,000만 달러에 달했다. 이쉰 등 텐센트 전자상거래 자산을 징둥에게 넘길 경우, 징둥의 기존 주가매출액비율에 따라 계산하면 징둥의 상장 가치는 최소 15억 달러가 증가하고 증가율은 기존의 20%일 것이다.

위의 방안은 텐센트가 징둥의 지분 20%를 매입하는 데 들인 돈을 이쉰 등 전자상거래 자산을 징둥에게 넘긴 후 생기는 별도의 상장 가치로 회수할 수 있다는 뜻이다.

그러나 이전 협상에서 텐센트는 이쉰 등 전자상거래 자산을 징둥에게 양도하는 것에 주저했다. 이런 염려는 양측의 통합을 걱정했기 때문일 것이다. 이쉰은 텐센트가 인수합병한 팀으로, 텐센트는 이쉰을 포함한 전자상거래 자원을 분할할 계획이었다. 또한 이쉰의 창립 멤버들에게도 향후 독립 상장을 약속했기 때문에 이것을 징둥에게 넘긴다면 이쉰 내부 인력이 떠날 수 있기 때문이다. 또한 텐센트 임원들도 전자상거래 분야에서 자신의 '친아들'을 남겨둬야 하는 것이 아닌지 망설였다.

한 애널리스트는 텐센트가 이번 협상에서 이쉰 등 전자상거래 자산을 징둥에게 양도하는 것을 원하지 않는 이유는 가격을 낮추려는 의도 때문일 수도 있다고 말했다. 그는 이미 공개된 자료를 보면, 텐센트 측은 이쉰 등 전자상거래 자산을 징둥에게 양도하는 것에 동의했을 것이라고 말했다. 양측이 기본적인 의향에 합의가 없었다면 텐센트가 바클레이즈 같은 투자은행에게 이번 거래를 집행하도록 하지 않았을 것이다.

알리바바의 '3.8절' 돈 뿌리기

'전국민 무료 택시 예약'에서 '전국민 초청 먹고 마시고 놀기'까지, 모바일에서 텐센트를 향한 알리바바의 공세가 뜨겁다. 2014년 2월 27일, 알리바바는 '3.8 모바일 타오바오 생활절' 세부사항을 공식 발표했다. 목표는 모바일에서 '11.11'의 대박을 다시 한 번 터뜨리는 것이다.

3.8위안으로 영화를 보고, 3.8위안으로 노래방에 가서 3시간 동안 신나게 노래를 부르며, '거의 무료' 가격으로 차오장난(俏江南), 와이포자(外婆家) 같은 레스토랑에서 식사를 즐긴다. 알리바바는 '3.8 모바일 타오바오 생활절' 세부사항을 공식 발표하고, 3월 8일 전국의 총 37개 대형 백화점, 1,500개 브랜드 전문 매장, 230개 노래방, 288개 극장, 800개 레스토랑이 이 이벤트에 참여했다고 밝혔다. 이 밖에 인타이상업(銀泰商業), 다웨청(大悅城), 왕푸징, 화롄(華聯), 신스제(新世界) 백화점 등 중국 5

대 소매그룹이 이번 이벤트 전에 모바일 타오바오 플랫폼에 입점해 오프라인 소매 기업의 모바일화 탐색을 시작했다.

영화의 경우, 영화를 좋아하는 사용자는 모바일 타오바오에 로그인해 이벤트에 참여할 수 있다. 3.8위안으로 전국 288개 극장의 200만 장의 영화표를 선택해 구입할 수 있다. "스마트폰이 보편화된 오늘날 소비와 쇼핑이 모바일화 시대로 이미 진입했다." 잉훙(應宏) 모바일 타오바오 마케팅책임자는 이번 '3.8 모바일 타오바오 생활절'의 목적은 모바일 시대에 모바일 타오바오가 사람들의 소비 생활의 첫 번째 유입 채널이 되는 것이라고 말했다. 업계 관계자는 "텐센트와 다중뎬핑의 연합으로 알리바바가 마음이 급해졌다. 이것은 모바일에서 알리바바의 반격이고 O2O 구도에서의 반격전이다."라고 분석했다.

'11.11'은 논란의 여지 없는 PC 인터넷 쇼핑 잔치였다. 모바일 인터넷 시대에 알리바바가 내놓은 '3.8 모바일 타오바오 생활절'이 모바일의 '11.11'이 될 수 있을까? 업계 관계자는 그렇지 않을 것이라고 전망했다.

"모바일 타오바오 생활절은 '11.11'에 비해 방식에서 혁신적인 부분이 없다. 그저 PC에서의 마케팅을 모바일로 똑같이 옮겨온 것뿐이다." 팡싱둥(方興東) 인터넷실험실(互聯網實驗室) 창립자는 방식 혁신이 성패의 관건으로 "위챗 홍바오가 흥행에 성공한 것은 방식을 혁신했기 때문이다."라고 말했다. 그는 또한 "11.11이든 모바일 타오바오 생활절이든 본질적으로 다른 점이 없다. 계속된 할인 행사는 사용자를 피곤하게 할 뿐이고 이렇게 되면 기대 효과를 거두지 못할 수 있다."고 덧붙였다.

관련 링크 '전 국민 무료 택시 예약' 얼마나 갈 수 있을까

'디디다처'와 '콰이디다처' 양대 택시 예약 소프트웨어 간의 전쟁이 다시 불붙었다. 2014년 2월 18일, '디디다처'는 택시 승객에 대한 보조금을 12위안으로 올려 최고 20위안의 보조금을 받을 수 있게 했다. '콰이디다처'도 즉각 대응해 승객이 한 번에 최소 13위안을 지원받고, '동종 앱보다 사용자에게 항상 1위안 더 보조한다'고 선언했다.

〈콰이디다처와 디디다처〉

2012년 이후 '야오야오자오처(搖搖招車)', '다처샤오미(打車小秘)' 등 모바일 택시 예약 소프트웨어가 발전하면서 현재 시장에 비슷한 제품이 수십 개가 출시되었다. 그 가운데 텐센트가 투자한 '디디다처'와 알리바바가 투자한 '콰이디다처'가 업계의 강자로 부상했다. '전 국민 무료 택시 승차'가 업계의 낭랑한 구호가 되었다.

'1월 초, 디디다처는 운전기사에게 매번 10위안을 지원하고, 승객에게는 10위안을 지원하기로 했고, 콰이디다처는 승객에게 10위안, 운전기사에게 15위안을 지원하기로 했다. 2월 10일, 디디다처는 현금 피드백 금액을 5위안으로 줄였지만 콰이디다처는 변하지 않았다. 2월 17일, 디디다처는 승객 10위안 보조 정책을 회복했고, 콰이디다처는 다른 앱보다 승객의 요금을 항상 1위안 더 줄여줄 것이라고 선언했다. 하루 만에 디디다처는 승객 보조금을 12~20위안으로 올렸고, 콰이디다처도 즉시 반응해 승객에게 매 영수증당 최소 13위안을 감액해준다고 선포했다.' 이런 보조금 전쟁에 대해 한 택시기사는 "드라마틱하다"고 말했다.

한 택시기사는 "두 회사의 보조금 정책에 따라 계산하면, 위챗 결제를 통해 택시요금을 받는 운전기사는 디디다처로부터 하루 최대 75위안의 보너스를 받는다. QR코드로 택시요금을 받으면 콰이디다처로부터 하루 최대 75위안의 보너스를 받는다. 두 앱을 동시에 사용하면 택시기사는 하루 최대 150위안의 보너스를 받을 수 있다. 한 달이면 택시 앱에서 4,500위안을 받을 수 있다."고 말했다.

승객도 이 정책의 실익을 누렸다. 승객이 '콰이디다처'와 '디디다처'를 앱을 설치하고 하루에 두 앱의 보조금을 최고 상한선까지 받는다면 최대 86위안의 택시 요금을 절약할 수 있다.

보조금 정책을 통해 '콰이디다처'와 '디디다처'는 스마트폰 사용자의 '필수 앱'으로 자리잡았고, 이 택시 앱 전쟁에 텐센트와 알리바바는 5~6억 위안의 거금을 투입했다. 현재 경쟁은 교착 상태에 놓여있는데 두 회사 모두 먼저 멈추지를 못하고 있다. 먼저 멈추면 그 동안 투입했던 돈을 전부 날린다는 것을 뜻하기 때문이다.

업계 관계자는 "사실 현재 택시 예약 앱은 뚜렷한 수익 모델이 없다. 알리바바와 텐센트가 미친 듯이 돈을 쏟아부은 것은 전 국민이 택시를 타도록 하는 데 목적이 있었고, 그 속에 숨은 뜻은 택시 예약 앱을 통해 사용자의 모바일 결제 습관을 길러 모바일 결제 고객을 유치하려는 것이다."라고 말했다. 디디다처를 사용하면 사용자는 위챗 결제가 습관이 될 것이고 앞으로 위챗 결제를 통해 항공권을 구입하고, 전기와 수도 요금을 납부하며, 위챗 플랫폼에서 쇼핑 등을 할 것이기 때문이다.

이것이 바로 '강자'들의 진정한 목표다.

제 **7** 장

사회적 책임을
다하는 기업

마화텅은 "텐센트에게 사회적 책임은 해도 되고 안 해도 되는 일이 아니라 꼭 해야 하는 의무다."라고 한 적이 있다. 텐센트는 사회적 책임감이 있는 기업이고, 고마움을 아는 기업이다. 텐센트는 자신의 성공이 고객의 성원 덕분이라는 것을 잘 알고 있다. 때문에 텐센트는 사회에 보답하는 것을 한 번도 잊은 적이 없다. 물론 고마움을 알아야 더 많은 성원을 받을 수 있다.

텐센트 공익자선기금회
숫자 뒤에 숨은 이야기

숫자는 매우 직관적인 표현 방식이고 이성을 대표하는 것으로 숫자 뒤에는 그것이 뜻하는 의미가 있게 마련이다. 가령 경기 결과나 시험 성적 같은 것이다. 텐센트 공익자선기금회의 숫자의 세계로 들어가 숫자 뒤에 숨은 따뜻한 이야기를 살펴보겠다.

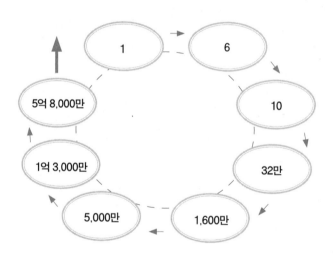

1의 의미

텐센트 공익자선기금회는 인터넷 기업이 발기해 설립한 최초의 기금회로, 설립 이후 텐센트 공익자선기금회는 '1'의 전설을 계속 써나가고 있다. 2007년 6월, 텐센트 공익 사이트가 공식 오픈해 중국 최초의 공익 포털 사이트가 되었다. 2008년 11월 11일, 〈텐센트 기업 시민 및 사회 책임 보고서〉를 발표했다. 이것은 중국 인터넷 기업이 내놓은 최초의 사회적 책임 보고서다. '텐센트 웨쥐안(騰訊月捐)', '텐센트 러쥐안(騰訊樂捐), 'We주주(救助)' 등 기부 상품을 선보였고, 공익 협력 파트너와 함께 인터넷 사용자의 따뜻한 마음을 한데 모은 중국 인터넷 기부 관련 최초의 플랫폼이 되었다.

6의 의미

중국인은 일이 순조롭게 풀린다는 뜻인 육육대순(六六大順)의 숫자 '6'을 순조로움의 대명사라고 생각한다. 2007년 6월 26일, 텐센트가 설립한 텐센트 공익자선기금회는 국무원과 민정부의 비준을 받아 민정부에 등록된 민정부가 주관하는 전국적인 비공모 기금회가 되었다.

10의 의미

숫자 '10'은 텐센트 제품에서 출현 빈도가 가장 높다. QQ회원, 레드 다이아몬드, 블루 다이아몬드 등을 포함한 대부분의 월정액이 10위안이다. 2008월 5월 12일, 쓰촨(四川)성 원촨(汶川)에서 대규모 지진이 발생했다. 따뜻한 마음을 가진 네티즌들이 텐센트 공익 플랫폼을 통해 기부한 원촨 지진 성금은 2,300만 위안에 달했다. 그러나 1년 뒤 텐센트 공익 플랫폼의 기부금 총액은 230만 위안으로 급감했다. 원촨 지진 직후와 그 뒤 1년의 결과를 종합한 결과, 어떻게 하면 기부를 습관화하고 관심 있는 네티즌들의 기부 역량을 모을 것인가가 앞으로 텐센트 공익이 제일 먼저 해결해야 할 과제가 되었다.

그래서 원촨 대지진 발생 1주년에 맞춰 텐센트 공익은 가장 핵심적인 상품인 '텐센트 웨쥐안'을 출시했다. 텐센트 웨쥐안의 취지는 '매월 10위안, 투명한 공익'으로, 관심 있는 프로젝트에 매월 10위안을 기부하는 것이다. 기부를 하면 텐센트 공익은 프로젝트 진행 상황을 즉시 피드백해준다. 기부자의 기부금이 어디에 쓰이는지 알려주어 공개성과 투명성을 확보했다. 좋은 일을 한다는 것은 어렵지 않지만 오랫동안 지속하기는 어렵다. '텐센트 웨쥐안'은 소액이지만 '늘 하는 기부'를 정착시킴으로써 기부와 나눔이 습관과 트렌드가 되기를 바란다.

32만의 의미

텐센트 공익 인터넷 기부 플랫폼에서 가장 많은 기부를 한 사용자는 홍콩의 익명 사용자인 장 선생이다. 장 선생은 텐센트 공익 백오피스 시스템을 통해 2011년부터 텐센트 공익 활동에 참여해 지속적으로 기부를 했고 현재까지 총 32억 위안을 기부했으며 단일 최고 기부액은 10만 위안이었다.

텐센트 공익은 이메일로 장 선생에게 연락해 고마움을 전하면서 기부 동기 등을 알고 싶다고 청했다. 그러나 장 선생은 남이 모르게 하는 나눔이 더 의미가 큰 것이고, 그저 자신의 힘으로 도움이 필요한 사람을 돕는 것뿐이라며 알려지는 것을 바라지 않는다고 말했다.

1,600만의 의미

장 선생처럼 거액 기부자 외에도 텐센트 공익에는 마음이 따뜻한 네티즌 수천 만 명이 있다. 텐센트 인터넷 공익 기부 플랫폼이 생긴 이후 1,600만 명 이상이 기부에 참여했다. 그들이 텐센트 공익이라는 제국을 지탱하고 있으며 그들이 바로 이 제국의 주인공이다. 텐센트 공익은 그들에게 사랑을 표현할 수 있는 플랫폼을 제공할 뿐이다. 중국의 공익사업은 잠재력이 크다. 큰 재난이 발생했을 때 하는 일회성 기부든 '텐센트 웨쥐안' 같은 소액 기부든 1,600만 명이 기부했다는 것은 이 점을 충분히 증명해준다. 세상의 변화는 소수의 사람이 많은 일을 하여 이루어지는 것이 아니라 많은 사람이 조금씩 만들어가는 것이다. '개개인의 작은 관심이 이 세상을 아름답게 한다.'는 말처럼 당신이 손을 내밀면 텐센트 공익이 그 사랑을 전달할 것이다.

5,000만의 의미

'축몽신향촌행동(築夢新鄕村行動)'은 텐센트 공익자선기금회가 발기하고 5,000만 위안이 넘는 금액을 구이저우, 윈난 두 지역에 투입한 공익 사업이다. 장기간 지속적인 투자를 통해 현지의 교육 환경을 개선하고 환경보호, 소수민족 무형문화재 보호와 전승을 돕는다. 텐센트의 인터넷 자원, 플랫폼 강점 및 영향력을 통해 서부 빈곤 지역의 교육과 발전, 경제 성장과 문화, 환경과 조화 공존하는 성장 모델 마련에 주력하고 있으며, 현지 기초 교육, 민족 문화 보호, 생태 관광 발전 등을 기반으로 교육, 문화, 관광, 경제를 하나로 연결해 지역 발전을 추진하고 있다. 구이저우 남동 지역에 생태문명 시험지구를 건설하고 주민을 부유하게 하며 구이저우 발전에 공헌하고 있다.

1억 3,000만의 의미

2013년 1월 1일, 텐센트 인터넷 기부 플랫폼의 네티즌 기부금 총액이 1억 위안을 넘었다. 이것은 인터넷 공익이 억의 시대로 진입했다는 것을 뜻한다. 게다가 이 수치는 매일 새로운 기록을 갈아치우고 있다. 2013년 5월 31일 기준, '텐센트 웨쥐안'과 '텐센트 러쥐안'의 기부금 총액은 1억 3,000만 위안을 돌파했다. 인터넷의 출현은 사람들의 교제 방식, 생활 방식, 업무 방식을 바꾸었을 뿐 아니라 풀뿌리, 편리함, 투명성과 상호작용 등 특징으로 전통적인 공익자선 사업에 큰 에너지와 활력을 불어넣었다. 텐센트 공익은 따뜻한 마음을 지닌 네티즌의 기부금을 존중하는 마음으로 공익 협력 파트너와 함께 공평하고 투명하게 사업을 진행하면 앞으로 '사랑의 이정표'가 계속 생길 것이라고 믿는다.

5억 8,000만의 의미

공익은 텐센트 기업 문화 DNA의 일부분으로 텐센트는 기업의 사회적 책임을 멈춘 적이 없다. 2002년 12월, 텐센트는 광둥성 빈곤 산간 지역의 교육 기지와 초등학교에 컴퓨터를 기증해 학습 여건을 개선하는 교육 사업을 지원했다. 2003년 '사스'가 유행했던 기간 동안 텐센트 공익은 샤오탕산(小湯山)병원에 10만 위안 상당의 노트북, 캠코더, 인터넷 연결 설비 및 소프트웨어 등을 기증해 샤오탕산의 의료진들에게 외부와 연락할 수 있는 채널을 제공했다. 2008년 원촨 대지진이 발생하자 텐센트는 텐센트 공익자선기금회를 통해 이 지역에 약 2,300만 위안을 기부해 재난 지역에 기부를 가장 많이 한 인터넷 기업이 되었다. 2013년 쓰촨성 야안(雅安)에서 지진이 발생했을 때는 텐센트 공익자선기금회를 통해 야안에 2,000만 위안이 넘는 금액을 기부했다. 2013년 5월 31일 기준, 텐센트의 누적 기부액은 5억 8,000만 위안이 넘어 중국에서 기부를 가장 많이 한 인터넷 기업이 되었다. 기부금 누적액은 숫자에만 불과한 것이 아니라 사회적 책임과 관심의 표현이다!

관련 링크 텐센트 공익자선기금회

〈텐센트 공익자선기금회〉

기금회 개요

텐센트는 2006년 9월 텐센트 공익자선기금회를 설립하여 중국 최초로 공익기금회를 설립한 인터넷 기업이 되었다.

텐센트 공익자선기금회는 국가 민정부가 주관하는 전국적 성격의 비공모 기금회로 초기 기금 2,000만 위안은 텐센트가 전액 기부했다. 2007년 9월, 텐센트는 1,200만 위안을 추가 기부했고, 마화텅이 선전시장상 상금으로 받은 100만 위안도 함께 기부했다. 2008년 텐센트와 직원 일동이 이 기금회에 3,300여 만 위안을 기부했다. 후속 조치로 텐센트는 매년 수익의 일정 비율을 이 기금회에 기부하기로 약속했다.

기금회 취지

공익자선사업에 힘쓰고 청소년 성장에 관심을 가지며 기업의 사회적 책임을 다해 사회의 조화로운 발전을 추진한다.

기금회 사업 전략

텐센트 공익자선기금회의 공익사업 전략은 '하나의 플랫폼, 2개의 상호작용, 3가지 방향, 인터넷을 기반으로 따뜻한 마음의 힘을 보여준다.'이다.

하나의 플랫폼이란 텐센트 공익 사이트를 기반으로 한 인터넷 공익 플랫폼을 말하고, 2개의 상호작용이란 이 플랫폼을 통해 중국의 수많은 자선 단체와 따뜻한 마음을 가진 네티즌이 상호작용을 하도록 만드는 것으로, 도움이 필요한 사람과 자선 단체, 개인이 상호작용하도록 하는 것이다.

3가지 방향은 다음과 같다.

도움: 다양한 자선 활동과 공익 사업에 직접 참여해 정말 도움이 필요한 사람을 돕는다.

참여: 간편한 채널을 제공해 네티즌이 공익 활동에 참여하도록 유도한다. 텐센트의 핵심 강점을 기반으로, 인터넷을 통해 편리하고 투명하며 간단하고 다양한 참여 방식을 제공해 네티즌과 일반 시민이 공익 활동을 체험하고 관리감독하도록 한다.

전파: 더 많은 사람과 공익의 철학을 나누고 관심을 전달한다. 텐센트의 강력한 미디어 영향력과 다원화된 플랫폼을 통해 공익 신념과 관심을 전달하고, 사회에 나눔의 분위기를 조성하여 더 많은 단체와 개인이 공익 활동에 참여하도록 한다.

한 달에 10위안,
텐센트 웨쥐안

웨쥐안(월정액 기부)은 텐센트 공익이 내놓은 새로운 형태의 인터넷 기부 방식이다. 네티즌 한 사람이 매달 10위안의 소액 기부를 제창하며 작은 정성을 모으는 것으로, 공익 활동이 습관이 되도록 하기 위한 것이다.

어린이에게 꿈을, 망원동몽 사업

망원동몽(網圓童夢)은 복합 프로젝트로 텐센트 사용 네티즌이 웨쥐안 플랫폼을 통해 기부한 기부금을 일기금(壹基金)이 중국에서 어려운 상황에 놓인 어린이를 돕는 데 사용한다. 2012년부터 일기금은 전국의 어려움에 처해 있는 어린이를 대상으로 '겨울철 따뜻한 소포 보내기' 사업을 지속적으로 진행해 월동 준비를 못한 고아들과 냉해 재해지역 어린이에게 전달했다. '해양천당행동(海洋天堂行動)'은 자폐증, 뇌성마비,

희귀병 등에 걸린 어린이에게 관심을 갖는 것이고, '수해구조행동(洪災救援行動)'은 홍수 피해를 입은 어린이들에게 새집 마련의 꿈을 이뤄주는 것이다. '정수행동(淨水行動)'은 가뭄 재해지역 어린이에게 깨끗한 음용수를 제공하는 사업이고, '일낙원행동(壹樂園行動)'은 빈곤지역 어린이에게 체육과 오락 시설을 마련해주어 즐겁게 뛰어놀수 있도록 하는 사업이다.

2013년 9월에서 2014년 1월까지 망원동몽 사업은 웨쥐안 네티즌과 함께 '겨울 온난 소포 보내기' 사업을 진행하여 추위에 처한 고아들과 냉해 재해지역 어린이에게 따뜻한 마음을 전했다. 이 사업의 지원 대상은 다음과 같다.

냉해 재해지역 어린이

냉해 재해란 강력한 냉공기 때문에 얼음, 눈, 비가 혼합되어 내려 일어난 재해를 말한다. 냉해 재해가 발생하면 얼음과 얼음꽃이 온 천지를 뒤덮게 되고, 사람과 가축에게 적절한 보호 조치를 취하지 않으면 동상이 걸리거나 동사할 수 있다. 심각한 추위는 유선통신을 파괴하고 전력 수송에도 영향을 미치며 교통 운송을 중단시킨다. 냉해 재해는 빈곤지역 사람들, 특히 어린이와 노인 등 취약 계층에 더 심각한 영향을 미친다. 남서부 빈곤지역 어린이들은 점퍼, 장갑, 방한화 같은 방한 용품이 부족한데다, 어린이는 자기 보호 의식이 부족해 겨울철 동상에 걸리거나, 피부가 트고 갈라지고, 타박상 등을 입는 것이 보편적이다. 냉해 재해 발생 기간 동안 많은 학교가 수업을 중단해 현지 어린이의 학습에도 영향을 미친다. 냉해 재해는 재해 규모가 크지 않기 때문에 사회의 관심이 부족하다. 때문에 냉해 재해지역 어린이는 도움이 절실하다.

고아, 사실상 고아

고아와 사실상 고아는 중서부 지역에 집중되어 있고 71.5%가 취학 연령대 어린이다. 일기금 조사에 따르면, 사실상 고아는 아직 국가의 고아 기본생활 보장제도에 편입되어 있지 않기 때문에 생활이 더 어렵다. 그들의 현실은 부모를 모두 잃은 고아의 생활과 큰 차이가 없다. 겨울이 다가오면, 특히 쓰촨, 신장(新疆), 산시(陝西), 간쑤(甘肅) 등 외진 산간 지역에 사는 고아들은 겨울을 나기 위한 옷, 환경, 시설이 모두 부족하여 고통을 받는다. 또한 조사 결과, 부양자의 90% 이상이 정신적인 스트레스를 받고 있어 사회의 관심이 필요하다. 일기금은 '어린이에 대한 관심' 전략에 따라 '냉해 재해지역 어린이와 고아의 손잡기 온난 행동'을 마련하고 '일기금 따뜻한 꾸러미' 보내기 방식으로 어려움에 처한 어린이를 도왔다.

이 사업으로 직접적인 도움을 받은 냉해 지역의 6~12세 어린이와 18세 이하 고아 및 사실상 고아의 수는 6만 5,000명에 달한다. 민간 재난 구조 단체 200곳과 공동 지원했다.

관련 링크 선전 일기금공익기금회

일기금은 2007년 리롄제(李連杰, 이연걸)가 창립했다. 2010년 12월 3일, 선전 일기금공익기금회는 선전시 민정부의 지지로 공식 등록 설립되었고 독립적으로 공모 활동을 할 수 있는 법적 자격을 보유했다. 선전 일기금이 제안해 설립된 기관은 상하이 리롄제 일기금 공익기금회, 라오뉴(老牛)기금회, 텐센트 공익자선기금회, 완퉁(萬通)공익기금회와 완커(萬科)공익기금회가 있다.

망첨녹색, 행복한 가정 생태 빈곤지원 전 국민 행동

'망첨녹색, 행복한 가정 생태 빈곤지원 전 국민 행동(網添綠色-幸福家園生態扶貧全民行動)'은 중국녹화기금회(中國綠化基金會)가 2009년 12월 발기한 중국 서부 빈곤지역 생태 보호 및 빈곤 퇴치 지원 사업으로 인간과 자연이 조화롭게 공존하는 지속 가능한 발전이 목표이다. '망첨녹색' 2기 사업(2011년 10월~2014년 4월) 지역은 광시(廣西)성 진슈(金秀)요족자치현의 진슈향이다. 10위안으로 석애차(石崖茶)나무 한 그루를 사면 현지 빈곤 가정이 석애차 생태경제수를 심는 것을 지원하게 되어 그들이 노동을 통해 빈곤에서 벗어나고 지속 가능한 발전을 하도록 돕는다.

심장병 어린이에게 새 생명을, 망구동심 사업

'망구동심(網救童心)' 사업은 중국아동소년기금회와 텐센트 네티즌 애심기금(騰訊網友愛心基金)이 발기하고 아이유(愛佑)자선기금회가 협력하여 텐센트 인터넷 플랫폼을 통해 수많은 네티즌이 사랑의 힘을 모았던 빈곤 지역 선천성 심장병 어린이 지원 프로그램이다. 이 사업의 협력 파트너인 아이유자선기금회는 37개 지정 병원과 협력 관계를 맺고 동북, 화북, 화동, 서남, 화중, 화남 지역에 각각 사업 기지를 건설했다.

백내장 환자에게 빛을, 망취광명 사업

요즘은 의학 기술의 발전으로 2,000위안이면 백내장 수술을 통해 시력을 회복할 수 있다. 그러나 중국의 도시와 농촌에는 아직도 수백 만 명의 백내장 환자가 있다. '건강 급행열차(健康快車)'는 빈곤과 의료 시설 부족으로 치료를 받지 못해 오랫동안 어둠 속에서 생활하고 있는 사람들을 위한 전문적인 자선 프로그램이다. 이 사업에 텐센트 공익자선기금회는 300만 위안을 기부해 건강 급행열차 텐센트 신농촌 행동 구이저우 광명행에 사용했고, 중화 건강 급행열차 기금회와 공동으로 '망취광명행동(網聚光明行動)'을 내놓았다. 한 사람이 한 달에 1편을 기부하면 더 많은 백내장 환자들이 다시 빛을 볼 수 있다!

| 망취광명 | 생활이 어려운 백내장 환자 치료 프로그램
자선단체: 중화 건강급행열차 기금회
발기일: 2010년 8월 27일 |

사랑의 문구 상자 보내기, 망휘진정 사업

망휘진정(网汇真情) 사업은 중국빈곤구제기금회(中國扶貧基金會)와 텐센트 공익자선기금회가 공동으로 발기한 전 국민 공익 프로그램이다. 사랑의 소포 구매 형식으로 빈곤지역과 재해지역 초등학생을 돕는다. 웨쥐안 플랫폼을 통해 기부한 기부금을 '텐센트 애심 네티즌(騰訊愛心網友)'의 명의로 도움이 필요한 자매 결연 학생에게 100위안 상당의 문구 상자를 지원하여 어려운 초등학생의 학업을 돕는다.

망휘진정	사랑의 문구 상자로 어려운 학생들의 꿈 이뤄주기 프로그램 자선단체: 중국빈곤구제기금회 발기일: 2011년 4월 19일

교육 받을 권리, 망조성장 사업

'망조성장, e만 빈곤 농촌 고아 돕기 행동(網助成長-e萬貧困孤兒助養行動)'은 아이더(愛德)기금회가 발기한 사업으로 중국 빈곤지역의 6세 이상 고아에게 기본적인 생활과 학업을 지원하여, 다른 아이들과 마찬가지로 교육 받을 권리를 누리게 하고 관심과 보호를 받으며 밝고 건강

망조성장

e만 빈곤 고아 돕기 행동
자선단체: 아이더기금회
발기일: 2009년 7월 1일

하게 자라도록 돕는다. 고아 지원 기간은 보통 3년이지만 가능하면 아이들이 고등학교를 졸업할 때까지 지원을 해준다. 모든 아이가 고등학교를 마칠 수 있기를 바라기 때문이다. 초등학교와 중학교 단계의 지원 기준은 1인 1,485위안/년이고, 고등학교 단계는 1인 2,970위안/년이다.

　　아이더기금회는 2002년 'e만 빈곤 농촌 고아 돕기 행동'을 공식 가동했다. 2007년 더 많은 아이를 지원하기 위해 아이더기금회는 아이더고아자원봉사팀과 함께 농촌 고아 돕기 프로젝트 인터넷 지원 계획인 e만 행동을 시작했다. 전 여자배구팀 주장, 아이더고아 프로젝트 대사인 쑨웨와 난징 IT, 스포츠, 법률, 언론, 기업계의 기부자와 자원봉사팀이 핵심적인 역할을 했다.

그 외 공익사업

텐센트 웨이아이, '작은 도움이 성장을 돕는다'

텐센트 웨이아이(微愛, 작은 선행)는 텐센트 공익자선기금회가 공익 자선단체로 성장하는 입체적인 성장 시스템이다. 핵심 메커니즘은 텐센트 기금회가 웨이아이 오픈 플랫폼을 통해 자금, 자원, 정보를 전방위적으로 지원하여 민간의 자선단체, 우수 기업, 공익 리더, 관심 있는 네티즌, 자원봉사자의 긍정적인 상호작용을 촉진하여 중국 공익사업을 함께 발전시키는 것이다.

축몽신향촌, '농촌의 가치를 재평가하다'

축몽신향촌(筑梦新乡村)은 새로운 농촌 건설의 꿈이라는 뜻으로 텐센트 공익자선기금회가 2009년 6월 발기한 서부 농촌 공익 지원 계획이다. 인터넷 기업이 자신의 강점을 이용해 공익 역량을 모아 서부 농촌 교육, 문화, 경제의 종합적인 발전을 추진하는 새로운 모델을 탐색하고 있다. 텐센트의 인터넷 자원, 플랫폼 우위와 영향력을 통해 지원 지역의 발전을 돕는다. 프로젝트는 '꿈 건설'이라는 뜻의 '축몽'을 중심으로 '축몽낙원(築夢樂園)', '축몽학당(築夢學堂)', '축몽상성(築夢商城)' 등 온오프라인 플랫폼을 기반으로 '축몽학당' 계열의 교육 과정과 '축몽장당(筑梦

奬堂)' 계열의 보너스 메커니즘을 마련했다. 이와 동시에 다양한 주제의 '축몽학당·함께 교육을 지원하자'라는 텐센트 직원 또는 네티즌 참여 자원봉사 활동을 하고 있는데 이는 농촌 교육, 문화 부흥, 경제 발전을 지원하는 공익 활동이다.

텐센트 공익자선기금회는 인터넷 기업의 서부 농촌 지원 모델을 모색했고 2012년 11월까지 농촌 꿈 건설을 위해 총 5,760만 6,219.65위안을 직접 투입했다. 자체 프로젝트 20개를 기획해 전국 17개 성, 734개 지역의 선생과 학생, 마을 주민 20만 명이 지원을 받았다.

참고문헌

1. 필자 체험: 3단계로 위챗 '리차이퉁' 설정하기(親身體驗 : 三步搞定微信"理財通"), 중국경제망(中國經濟網), 2014.1.16

2. 레이젠핑(雷建平), 위챗 리차이퉁 오늘 공식 출시, 수익률 처음으로 위어바오 넘어(微信理財通今日正式上線, 收益率首超余額寶), 텐센트 과학기술(騰訊科技), 2014.1.22

3. 쉬궈윈(徐國允), 위챗 리차이퉁 단일 규모 8억 넘어, 고수익 얼마나 갈까(微信理財通單日規模超8億, 亢奮高收益能走多久), 왕이 과학기술 보도(網易科技報道), 2014.1.23

4. 텐센트는 왜 성공했나? CEO 마화텅의 시기와 추세(爲什麼騰訊會成功? CEO 馬化騰的時與勢), 남방인물주간(南方人物周刊), 2011.2.18

5. 마화텅, 인터넷 미래로 향한 7가지 이정표(馬化騰: 通向互聯網未來的七個路標), 텐센트 과학기술(騰訊科技), 2013.11.10

6. 쉐숭(薛松), 위챗 훙바오 현금화 어려움으로 의심을 사다(微信紅包提現難遭質疑), 광주일보(廣州日報, 8면), 2014.2.11

7. 지윈(紀雲), 왕웨이(王偉), 〈상업가치(商業價値)〉, 2014.1.28

8. 베이썬(北森), 위챗 훙바오 텐페이로 역전, 텐센트와 알리 결제 대전의 전환점(微信紅包逆轉支付寶騰訊阿里支付大展的轉折點), 펑황과학기술(鳳凰科技) 제76호, 2014.1.31

9. 천하이링(陳海齡), 위챗 '창훙바오'로 시스템 단번에 '마비'(微信狂"搶紅包", 一度搶"癱"系統), 중국경제망(中國經濟網), 2014.1.28

10. 위챗 그룹에서 온 훙바오, 기쁘게 열었지만 현금화는 어려워(微信群裏發來紅包, 開心收下提現卻犯難), 중국경제망, 2014.1.28

11. 런충(任翀), 말의 해 새봄 '위챗 훙바오' 사방에 날려(馬年新春"微信紅包"滿天飛), 해방일보(解放日報), 2014.1.30

12. 허우메이리(侯美麗), '3마' 협력의 3대 추측("三馬"跨界合作的三大猜想), 중국경제시보(中國經濟時報), 2013.2.20

13. '3마' 파트너 보험 판매, 서로의 '토대를 무너뜨리는 것'을 잊지 않다("三馬"合伙賣保險不忘互相"拆台"), 신경보(新京報, B14·기업), 2013.11.7

14. 선멍제(沈夢捷), 3마 보험 판매, 당신은 안심하십니까? (三馬賣保險, 你放心嗎), 신문완보(新聞晚報), 2013.2.21

15. 양첸원(楊倩雯), 3마 보험 배후의 친구권의 베일을 벗기다, 의기투합해 중안을 설립하다(揭秘三馬保險背後朋友圈 一拍即合成立衆安), 제일재경일보(第一財經日報), 2013.11.7

16. 황샤오친(黃曉琴), 마윈: 중안보험의 취지는 돈벌이에 있지 않다(馬雲: 衆安保險的初衷不在于賺錢), 증권일보(證券日報), 2013.11.7

17. 신하이광(信海光), 중안은 그저 강자들이 아들을 만든 것뿐, 인터넷 보험사에 큰 기대를 해선 안 된다(衆安只是巨頭幹兒子, 別對網絡保險公司期望太高), 신경보(新京報), 2013.11.8

18. 청싱환(程行歡), 최초의 인터넷 보험사 어제 설립, 3마 연단은 살기 내포(首家網絡險企昨日來襲, 三馬站台暗含殺機), 양성일보(羊城晚報), 2013.11.7

19. 장빈(張彬), 최저 보험료 5자오, 신선제품이 신선하지 않아도, 퀵서비스가 빠르지 않아도 배상(售價保險費只要5角錢, 生鮮不鮮快遞不快都要賠), 중경완보(重慶晚報), 2013.11.7

20. 가오샹(高翔), 옌젠(顔劍), 중안보험: QQ와 위챗으로 상품 판매를 배제하지 않는다(衆安保險: 不排除使用QQ和微信銷售産品), 상해증권보(上海證券報), 2013.11.7

21. 쉬리윈(許莉芸), 위챗 리차이퉁 조심스럽게 오픈, 위어바오 강력한 도전에 직면? (微信理財通低調上線, 余額寶或面臨有力挑戰), 신쾌보(新快報, A38면), 2014.1.17

22. 좡정웨(莊鄭悅), 위챗 '리차이퉁' 마침내 손을 뻗다(微信"理財通"終于出手了), 금일조보(今日早報, A0022면), 2014.1.17

23. 탕링(唐玲), 장인(張音), 위챗 '리차이퉁' 안전성 쟁점화(微信"理財通"安全性引熱議), 천천신보(天天新報, 01면), 2014.1.17

24. 레이젠핑(雷建平), 위챗 리차이퉁 오픈, 1차 협력측은 4개 펀드회사(微信理財通上線, 首批合作方爲四家基金公司), 텐센트 과학기술(騰訊科技), 2014.1.15

25. 왕커신(王可心), 위챗 리차이퉁 오픈, 텐센트 인터넷 재테크 시장에 진입(微信上線理財通, 騰訊殺入互聯網理財市場), 텐센트 과학기술(騰訊科技), 2014.1.16

26. 장슈치(章修琪), 텐센트 조용히 온라인 교육에 포석을 깔다. 내년 중점 투자 소식 들려(騰訊悄然布局在線教育, 傳出明年重點投資), 속도망(速途網), 2013.12.6

27. 왕샤오메이(王小莓), 텐센트의 부족한 부분: 전자상거래, 검색, O2O(騰訊敗筆: 電商.搜索.O2O), 이재주보(理財周報)

28. 황진핑(黃金萍), 위챗은 어떻게 날아올랐나(微信是如何飛起來的), 남방주말(南方周末), 2012.2.6

29. 텐센트 금융 정보에 발 뻗어, 향후 증권 소프트웨어 사업부 신설(騰訊涉足金融資訊,.將設證券軟件事業部), 신랑재경(新浪財經), 2012.6.12

30. 뤄융(羅勇), 텐센트 교육: 동영상을 핵심으로 콘텐츠 자체 개발(騰訊教育: 以視頻爲核心自主研發內容), 중국원격교육잡지(中國遠程教育雜志), 2014.2.25

31. 알리바바와 텐센트의 게임 열기를 더해(阿里巴巴與騰訊博弈升級), 경제일보(經濟日報), 2013.8.16

32. 치원팅(齊文婷), 위챗 '문어발'식 진화에 가속, 텐센트와 운영업체 게임 중 협력 도모(微信加速"八爪魚"式進化, 騰訊與運營商博弈中求合), 매일경제신문(每日經濟新聞), 2013.3.22

33. 셰푸(謝璞), 꿈이 깰 무렵: 알리바바, 텐센트의 전략과 게임(夢醒時分 : 阿里、騰訊的斬落與博弈), 2014.3.4

34. 알리바바와 텐센트의 다음 전장은 어디인가(阿里與騰訊爭鬪的下一個戰場在哪裏), 증권일보(證券日報), 2014.3.1

35. 텐센트, 징둥과 손잡고 알리바바를 겨누다(騰訊欲聯手京東, 劍指阿里巴巴), 중국경영망(中國經營網)

36. 쉐쑹(薛松), 알리바바, 텐센트 '토호' 보조금 대전은 계속될 것인가(阿里巴巴、騰訊"土豪"補貼大戰還會持續), 광주일보(廣州日報), 2014.2.27

37. 우천광(吳辰光), 통신업체와 텐센트 중 누가 이길까(電信運營商與騰訊誰能勝出), 북경상보(北京商報), 2013.3.21

38. 솨이펑쿤(帥鵬坤), '3Q대전' 3년 만에 끝, 360 텐센트에 500만 배상("3Q大戰"曆時三年終了結, 360想騰訊賠償500萬), 양성만보(羊城晚報), 2014.2.25

39. 유신페이(尤歆飛), 텐센트 핀테크와 가깝고도 멀다(騰訊互聯網金融夢很近卻又很遠), IT시보(IT時報), 2013.8.5

40. 샤신(夏欣), 텐센트가 펀드를 바라는 속사정(騰訊覬覦基金背後), 중국경영보(中國經營報), 2013.6.8

41. 허쥔(賀駿), 이쉰 대형가전 전자상거래 진출 발표, 징둥, 텐센트 제국의 거대한 압력에 직면하다(易迅高調進軍大家電網購京東面臨騰訊帝國巨壓), 증권일보(證券日報), 2013.3.20

42. 셰샤오핑(謝曉萍), 텐센트 전자상거래 전략 방향 확인, QQ왕거우와 이쉰 당분간 합병 안해(騰訊電商確認戰略方向, QQ網購易迅暫不合並), 매일경제신문(每日經濟新聞), 2012.12.4

43. 왕단양(王丹陽), 양 '마' 칼춤의 의미는 금융에, 알리바바와 텐센트 둘 중 하나는 쓸쓸해질 것(兩"馬"舞劍意在金融, 阿里騰訊癲狂之後有人落寞), 광주일보(廣州日報), 2014.2.25

44. 인우(尹武), 말의 해 시작부터 텐센트 금융이 선수치다(馬年伊始, 騰訊金融在下一城), 양자만보(揚子晚報), 2014.2.7

45. 재경잡지(財經雜志), 새로운 금융의 두 거인, 알리바바와 텐센트(新金融雙雄：阿里巴巴與騰訊), 재경종합보도(財經綜合報道), 2014.1.13

46. 황위안(黃遠), 왕신신(王心馨), 텐센트 전자상거래 공급사슬 금융 플랫폼 건설 예정(騰訊電商擬建供應鏈景榮平台), 제일경제일보(第一經濟日報), 2013.12.4

47. 왕링링(王伶玲), 2013 전자상거래 '삼국살', 텐센트 전자상거래 신예가 되다 (2013電商"三國殺"騰訊電商成新秀), 법제만보(法制晚報), 2012.11.29

48. 류난(劉楠), 텐센트 전자상거래 제국 양성기, 자체 운영과 투자를 동시에(騰訊電商帝國養成記 : 自營投資齊頭並進), 우화망(牛華網), 2012.11.28

49. 쉐쑹(薛松), 텐센트 전자상거래에 10억 달러 투자(騰訊10億美元投電商), 광주일보(廣州日報, AⅢ면(12판)), 2012.5.25

50. 우멍(武萌), 텐센트 전자상거래 통합, 알리바바 모방, B2C플랫폼 여전히 징둥에 맞서기 어려워(騰訊電商整合仿照阿里, B2C平台仍難敵京東), IT상업신문망(IT商業新聞網), 2013.3.26

51. 마윈, 위챗 훙바오에 겁먹지 말고 자기가 잘하는 일을 하라고 직원 격려(馬雲 : 別怕微信紅包鼓勵員工做自己擅長的事情), 북경신보(北京晨報), 2014.3.1

52. 가오량(高亮), 중징루이(衷敬睿), 차이나모바일 PK 텐센트, 문자메시지를 '업그레이드'해 '위챗'을 만들다(中移動PK騰訊, 將"升級"短信成"微信"), 중경상보(重慶商報 B09), 2014.2.28

53. 가오량(高亮), 중징루이(衷敬睿), 모바일 '11.11'을 만들기 위해 알리바바 '3.8' 제에 돈을 뿌리다(打造移動端"雙十一"阿里"三八"節撒錢), 중경상보(重慶商報 B09), 2014.2.28

54. 황하이(黃海), QQ의 생존의 길과 텐센트의 사회적 책임감(QQ的生存之道和騰訊的社會責任心), 중국문화보(中國文化報, 제7면), 2010.5.19

55. 텐센트 파이파이왕 오픈 플랫폼 공식 출시(騰訊拍拍網開放平台正式上線運營), 북경상보(北京商報), 2010.11.3

56. 파이파이왕 계속 무료 선언(拍拍網宣布繼續免費), 양성만보(羊城晚報), 2009.8.6

57. 천수(陳姝), 텐센트 파이파이왕 일매출 1억 위안 돌파(騰訊拍拍網單日銷量破億元), 심천상보(深圳商報), 2011.10.26

58. 저우팅(周婷), QQ, 파이파이왕을 '말해내다'(QQ"聊出"拍拍網), 중국증권보(中國證券報), 2007.9.13

59. 천수(陳姝), 텐센트 전자상거래 징둥의 중심지를 파고들다, 이쉰왕 베이징을 향해 진격하다(騰訊電商殺入京東腹地, 易迅網打響北京攻堅戰), 심천상보(深圳商報), 2012.12.12

60. QQ상청 매년 연회비 징수 계획으로 판매자 떠나(QQ商城每年將收取年費引商家出逃時間), 남방도시보(南方都市報), 2012.3.20

61. 쑨쥔(孫珺), QQ상청, QQ왕거우 합병(QQ商城並入QQ網購), 무한만보(武漢晚報), 2013.3.26

62. 텐센트 QQ상청 브랜드 폐지, QQ왕거우의 판매자 70% 도태될 듯(騰訊取消QQ商城品牌, QQ網購70%商家將被淘汰), 경화시보(京華時報), 2013.3.25

63. 위리원(于麗雯), 텐센트 QQ상청 폐쇄, QQ왕거우와 합병 예정(騰訊宣布關閉QQ商城, 將與QQ網購合並運營), 2013.3.25

64. 먀오샤리(苗夏麗), 텐센트가 손을 뻗자 써우거우 집을 찾다(騰訊一出手搜狗找到家), 신문진보(新聞晨報, A35), 2013.9.17

65. 충샤오멍(崇曉萌), 텐센트 전자상거래 'QQ상청' 브랜드를 버리다(騰訊電商取消"QQ商城"品牌), 북경상보(北京商報), 2013.3.25

66. 후중빈(胡中彬), 류단(劉丹), 양양(楊陽), 텐센트 전자상거래 제국(騰訊電商帝國), 경제관찰보(經濟觀察報), 2011.6.4

67. 텐센트 전자상거래 흩어진 모래 같아, 1,000만 광고비 어디로 갔나(騰訊電商如一盤散沙, 1,000萬廣告費去向不明), 21세기경제보도(21實際經濟報道), 2012.11.29

68. 4대 전자상거래의 경쟁 비법 해부(細數四大電商競爭法寶), 중국경영보(中國經營報), 2013.1.28

69. 쉐쑹(薛松), 텐센트 전자상거래에 10억 달러 투자(騰訊10億美元投電商), 광주일보(廣州日報, AⅢ 면(12판)), 2012.5.25

70. 장촨(姜川), 텐센트 전자상거래 넘어지다, 'QQ+' 모델 실패(騰訊電商門前摔了一跤："QQ+"模式失敗), 제일재경일보(第一財經日報), 2014.1.8

71. 장룽(姜蓉), 이쉰 부광치, 내가 이쉰을 텐센트에 판 이유(易迅網葡廣齊：我爲什麼把易迅賣給騰訊), 중국경영보(中國經營報), 2013.6.17

72. 쉬제윈(徐潔雲), 이쉰왕 CEO 텐센트가 회사에 대한 지배를 끝냈다고 밝혀(易迅網CEO證實騰訊已完成對公司控股), 제일재경일보(第一財經日報), 2012.5.17

73. 판쉬광(範旭光), 텐센트 커란다이아몬드 사이트에 100만 달러 투자(騰訊千萬美元投資柯蘭鑽石網), 신경보(新京報), 2011.6.22

74. 후샤오훙(胡笑紅), 텐센트 커란 투자로 다이아몬드 전자상거래에 진출(騰訊注資柯蘭進軍鑽石電商), 경화시보(京華時報), 2011.6.22

75. 먀오샤리(苗夏麗), 텐센트 마마왕에 5,000만 위안 투자(騰訊5000萬元投資媽媽網), 신문진보(新聞晨報, A39), 2013.9.17

76. 셰루이(謝睿), 온라인 교육 투자붐 일어, '무료전' 개시(在線敎育引發投資熱潮"免費戰"開局), 남방도시보(南方都市報), 2014.3.5

77. 류신위(劉新宇), 텐센트 콰이이뎬을 빌어 온라인 교육에 진출(騰訊借道快易典進軍電子敎育), 광주일보(廣州日報), 2011.11.17

78. 랴오펑(廖豊), 텐센트게임즈 분배 방안 공표(騰訊遊戲公布新分成方案), 경화시보(京華時報), 2014.3.7

79. 리리(李立), 분배 비율 첫 공개, 텐센트게임즈의 '창'과 '방패'(分成比例首公開騰訊遊戲的"矛"與"盾"), 중국경영망(中國經營網), 2014.1.21

80. 텐센트는 왜 성공했나? CEO 마화텅의 시기와 추세(爲什麼騰訊會成功? CEO 馬化騰的時與勢), 남방인물주간(南方人物周刊), 2011.2.18

81. 루웨이싱(盧維興), 텐센트 포털사이트 출시(騰訊推出門戶網站), 상해청년보(上海靑年報), 2003.11.21

82. 리룽후이(李蓉慧), 검색엔진의 새로운 변동, 써어거우 텐센트 소소 인수합병(搜索引擎新變動, 搜狗收購騰訊搜搜), 제일재경주간(第一財經周刊), 2013.2.22

83. 위안인(袁茵), 다중뎬핑의 '환중환', 마화텅은 왜 장타오의 손을 잡았나(大衆點 評"環中環"：馬化騰爲何握手張濤), 2014.3./

84. 쑨페이(孫飛), 텐센트는 어떻게 금융을 할까, 시간 장소 사람(騰訊如何做金融： 天時地利人和), 중국경영망(中國經營網), 2013.12.27

85. 양빈(楊斌), 펭귄은행 명칭 공상총국 비준 획득, 텐센트 말 아껴(企鵝銀行名稱 獲工商總局核准, 騰訊不置評), 성도상보(成都商報), 2014.4

86. 탄링쥐안(譚玲娟), 텐센트 15억 5,000만 위안에 첸하이 부지 획득, 산하 은행 본점 부지로 사용 계획(騰訊15.5億前海拿地, 擬用作旗下銀行總部用地), 정보 (晶報), 2014.5.23

텐센트, 인터넷 기업들의 미래

초판 1쇄 발행 2015년 7월 10일

지은이 천평취안
옮긴이 이현아
펴낸이 이형도

펴낸곳 ㈜ 이레미디어
전화 031-908-8511
팩스 031-907-8515
주소 경기도 고양시 일산동구 무궁화로 20-38 로데오탑 302호
홈페이지 www.iremedia.co.kr
카페 http://cafe.naver.com/iremi
이메일 ireme@iremedia.co.kr
등록 제396-2004-35호

편낸집 유소영, 김현정
디자인 사이몬
마케팅 신기탁

ISBN 979-11-86588-29-1 13320

가격은 뒤표지에 있습니다.
잘못된 책은 구입하신 서점에서 교환해드립니다.

이 도서의 국립중앙도서관 출판시도서목록(CIP)은 서지정보유통지원시스템 홈페이지(http://seoji.
nl.go.kr)와 국가자료공동목록시스템(http://www.nl.go.kr/kolisnet)에서 이용하실 수 있습니다.
(CIP제어번호: CIP2015016175)